大谷《おおや》 義武《よしたけ》

大企業は20代でやめなさい

大企業からベンチャーへの逆ステップアップ論

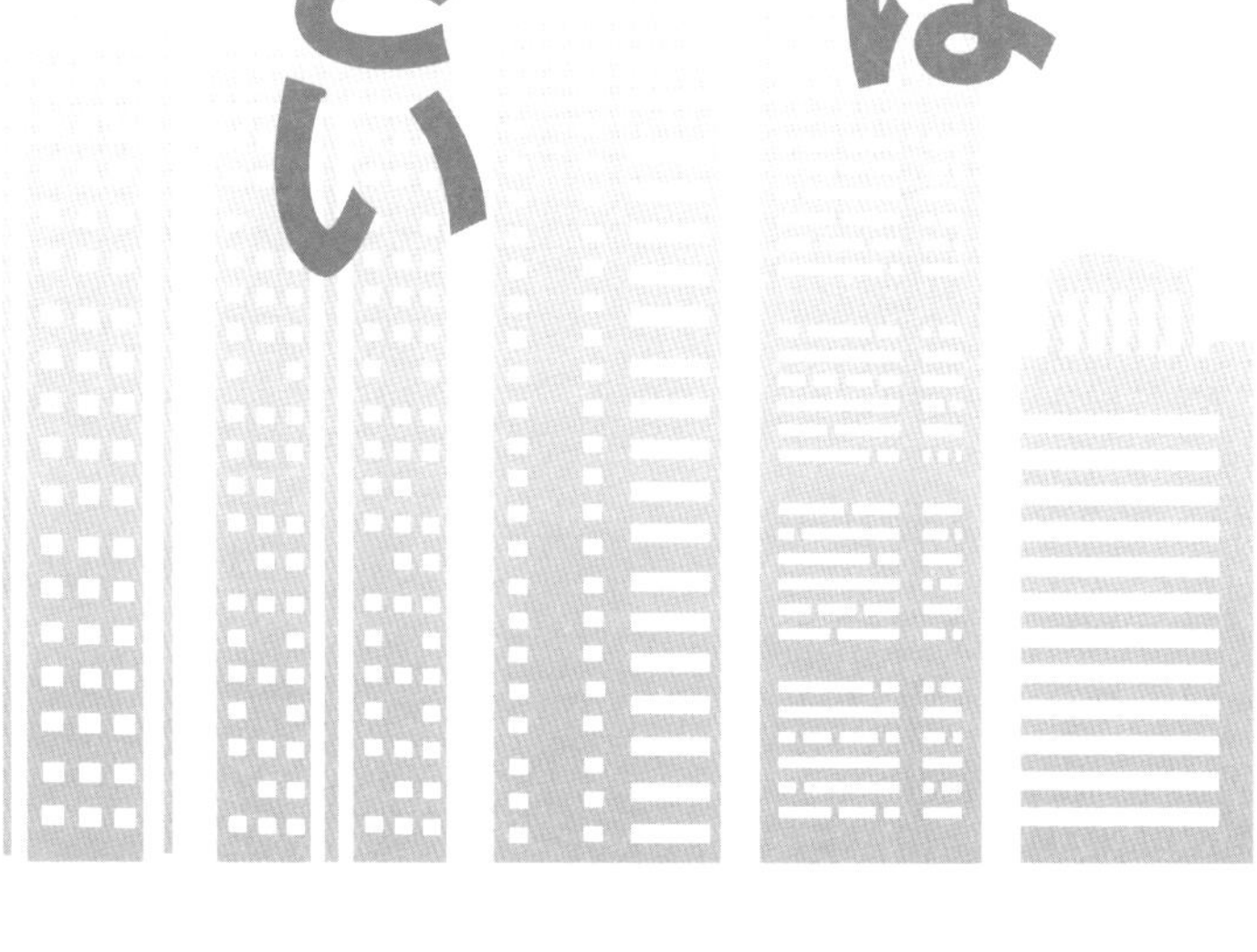

幻冬舎MC

大企業は20代でやめなさい

大企業からベンチャーへの逆ステップアップ論

はじめに

あなたは会社の名刺（肩書き）がなくても仕事ができる自信がありますか？
また、毎日楽しく生き生きと仕事をしていますか？

この2つの質問に胸を張って「はい」と答えられなければ、ぜひ本書をお読みください。

本書は、大企業（有名企業）で働いている20代の若手ビジネスマンのための本です。
そのなかでも、希望を持って大企業に入ったものの、現実と理想とのギャップのため、今の仕事にちょっと疑問を持っているビジネスマン向けに書いています。

そして、本書では大企業以外で働く選択肢として、自分で独立起業しベンチャー企業を創業すること、ベンチャー企業に参画し、中心となって働く生き方を紹介しています。

本書で言うステップアップとは、大企業からベンチャー企業への「逆ステップアップ」です。より大きな影響力のある仕事ができることで、結果として収入も上がることを意味します。そして、**会社の名刺（肩書）に依存せず、どこでも仕事ができるような、本当の意味での「安定」を手に入れること**です。また、それだけではなく、**自分自身が毎日より楽しく、より生き生きと仕事ができること**でもあります。

その結果として、自分の幸せが実現できるのです。

自分でなくてもこの仕事はできるのではないか？
自分はこの仕事をやるために生まれてきたのだろうか？
今、自分がやっている仕事は社会にどのように役に立っているのだろうか？
このまま定年まで今の会社で仕事を続けられるのだろうか？

このような悩みを持って働いている人は、大企業には実はたくさんいます。ましてや、希望を膨らませて大企業に入社し、2～3年が過ぎた若手ビジネスマンは特に強く思っている人が多いでしょう。

なぜこのようなことを言うのか？　それは、私もかつて、あなたと同じように大企業で働き、あなたと同じように悩んでいたからです。

そして12年前の平成18年、独立起業という形で新たな一歩を踏み出しました。その私の経験を通じて、「どのように仕事と向き合えば幸せな人生が送れるのか」を一緒に考えていきたいと思います。

私は東京大学（以下、東大）経済学部を卒業し、三井不動産に入社しました。そして30歳のときに独立し、武蔵コーポレーション（以下、当社）という会社を立ち上げました。賃貸アパート経営による資産運用を支援する会社です。

おかげさまで、何の経験もなくたった一人で始めたビジネスが12年で売上90億円超、社員数150人の規模にまでなりました。

私は独立起業という形で、キャリアのステップアップを果たした一人です。大企業に勤めていたときよりも、重要な役割を担い、影響力を持ち、収入が上がったという面で、ステップアップできたと言えるでしょう。

そして、楽しく充実した毎日を送ることができるようになったことが、何よりも嬉しいことです。

正直なところ、サラリーマンをしていたときは仕事を心から楽しい、月曜日が楽しみだとは思えませんでした。自分は本当にこのままずっとこの会社に勤めていて良いのか。自分は本当は何がしたいのか。ずっと悩んでいました。簡単に言えば、当時は仕事が生きがいではなく、生活の手段になっていたのです。

私は、決して例外的な存在ではなかったと思います。

日本の労働人口の8割を占めると言われるサラリーマンのうち、幸せに仕事をしている人がどれだけいるでしょうか?

今の仕事が楽しくて楽しくて、休みがなくても働いていたいと感じる人がどれくらいいるでしょうか?

本書は決して大企業を否定するものではありません。

まず、日本国内において大企業が果たす社会的役割は非常に大きく、そのなかで中心となって働く優秀な人は日本社会にとって非常に重要であることは疑いのないことです。そして、大企業においても、毎日の仕事が楽しく生き生きと働いている人たちがいるのも事実ですし、私自身も前職で立派な先輩、上司を見てきました。

しかし、実感として、そのように**大企業で生き生きと働いていない人たちも多数いる**ことも事実としてあるということです。

これは、サラリーマンの街である新橋や日本橋に行けばよくわかります。希望に燃えて仕事の話をしながらお酒を飲んでいる人は、あまり多く見かけません。また、月曜日の朝、駅から出てくる人が皆、憂鬱そうな顔をしながら下を向いているのも不思議です。本来であれば、月曜日の朝ほど嬉しいものはないはずです。

それは、一流大学を出て有名企業に入った人たちでも変わりありません。

一流大学を出て、一定のポテンシャルを持った人たちがいかにも憂鬱そうに会社に向かっている。

なぜこのようなことが起こるのでしょうか?

それはその人が大企業に向いていないということです。そのために自分の力が充分に発揮できず、幸せを感じることもできずにいるのです。

日本ではいつの間にか、「一流大学卒=大企業入社=良い人生」というルートが理想であると信じられるようになりました。今でも、このルートを信じて一流大学の卒業者が続々と大企業に入社しています。

しかし、一流大学の卒業者だからといって、大企業に向いているとは限りません。本当は大企業に向いていないのに、「良い大学を出たら大企業に入るのが当然」と思い、入社してから不満を抱えたままやめることもできず、やり過ごすように日々を送る。このようなケースが非常に多いのです。

高いポテンシャルを持っていながら、向いていない環境にいるため能力を発揮できない。これは本人にとって大きなマイナスです。

それだけではありません。日本全体にとっても損失です。

発揮されずにいる能力が発揮されるようになれば、社会の力が総体として上がります。平成23年3月の東日本大震災、先が見えない経済不況など、日本は厳しい状況に置かれています。

この日本が立ち直れるかどうかは国民一人ひとりの意識にかかっています。それもこれから将来のある若い世代にかかっています。「資源」の少ない日本においては、人材がすべてです。国民一人ひとりが大切な資源です。

そして、その国民一人ひとりの能力が最大限に発揮されたときに国力は最大化されますし、何よりも幸せな日本人が増えることになります。

あなたには、自分に合う生き方を選び、持っている能力を存分に発揮して生き生きと働いてほしいと思います。

そのためには、今の状況をちょっと立ち止まって考えてみてください。そして、自分がどのような人生を送りたいのか、自分の人生の目標は何なのかを考えてください。

あなたは、やりたくもない仕事にしがみつき、ガマンをしながら60歳まで過ごすために生まれてきたわけではないはずです。会社の規模は関係ありません。あなたの人生の目標に合った働き方がきっとあるはずです。

本書では、あなたが会社、仕事、そして人生を見つめなおすためのきっかけになるお話をしたいと思います。その結果として、日本全体の経済の活性化につながればと考えて今回、執筆しました。

本書は、全6章で構成しています。

第1章では、大企業で働くことの意味について考えます。

大企業では狭い範囲の業務しか行えず、やりがいが得にくいことなど、すでに大企業で働いているあなたならば、日々の仕事を通じて実感されている内容も多いかもしれません。そして、もはや大企業で働くことが「安定」ではなくなってきているという事実についてお話しします。

第2章では、自分の使命を自覚することの大切さについてお話しします。

どのような仕事をすべきなのか。これは、「どのように生きるのか」という問いと切り離して考えることはできません。人生における自分の使命を自覚すれば、どのような仕事をすべきなのかが見えてきます。

第3章は、働き方についての章です。

20代は、仕事に対する基本的な姿勢をつくる時期です。ここで正しい姿勢をつくっておけば、30代以降、どこに行っても通用するビジネスマンになれます。

第4章は、自分がステップアップするための方法として、ベンチャー企業で働くことを紹介しています。大企業にいると、ベンチャー企業で働くということがイメージできないかもしれません。しかし、ベンチャー企業で働くことには大企業にはないさまざまなメリットがあります。

第5章では、ステップアップの一つの選択肢として、独立起業について紹介します。あなたの人生における使命は、独立起業によってまっとうできるものかもしれません。起業には大きな苦労が伴います。しかし、同時に大きな社会的意義とやりがいのあるものです。

第6章では、会社に対する私の考え方を述べています。

会社が存在する目的は、企業理念の実現にあります。そのために必要なのが「大義」です。「大義」にのっとった経営をすれば、会社は発展するのです。

最後まで読んでいただければ、仕事について、また自分の人生について、新たな視点がきっと見つかると思います。

私は、まだ成功者と呼べるような人間ではありません。成功を目指して日々、奮闘しているベンチャー企業の経営者です。私が考える成功とは、自分が幸せになることはもちろんですが、周りの人間に良い影響を与え、**一人でも多くの人間の幸せに寄与すること**です。その人間の数が多ければ多いほど成功と言えると考えます。

私自身はそんな「成功者」になりたいと思っています。

そのためには、影響力のある人間にならなければいけない、つまり、ステップアップしていかなければいけないのです。

あなたの少し年上の先輩として、本書を通じて、自分の人生の目標を定め、生き生きと仕事ができるようになるお手伝いができれば、これほど嬉しいことはありません。

大谷義武

目次

第2章　使命感を持ち人生の目標を設定する

第3章　一生困らないための20代での働き方・過ごし方

第4章 自分の力を発揮するベンチャーというフィールド

第5章　独立起業という選択肢

第6章　社会を良くする大義の経営

装丁　玉造能之

1

大企業で働くことはもはや「安定」ではない

好きなことを仕事にしていますか？

あなたは好きなことを仕事にしていますか？

仕事とは本来好きなもの、楽しいものであるはずです。

プロ野球選手は野球が好きだからプロの選手になったのです。

歌手は歌が好きだから歌手になるのです。

皆、寝食を忘れて没頭できるほどに好きなことであるはずです。そして他人よりその分野においては自分が得意であるという自覚もあることでしょう。だから休みは不要です。**仕事自体が生きがい**なのです。

まして、嫌なことをわざわざ仕事にしたいという人はいないはずです。

しかし、日本の一流大学を出た優秀な学生は好きなことを仕事にしているとは言えません。好きかどうかということではなく他人からどう思われるかだけを尺度に就職をしています。サラリーマンという仕事が死ぬほど好きで、もしくは電力、鉄道という仕事が死ぬほど好きで得意だと思って仕事にしている人がどれだけいるでしょうか？

つまり、**仕事が生きがいではなく、生活の手段になってしまっている**のです。

だから嫌々仕事をしなくてはいけなくなるのです。

当たり前です。好きなこと、得意なことを選んでいないのですから。

実際、私もサラリーマン時代は本当にその仕事が好きか、得意かと言われればおそらくそうではなかったでしょう。少なくともサラリーマンには向いていなかったと思います。しかし、それは１８０度変わりました。私は今、不動産を用いた資産運用会社の社長をやっていますが寝食を忘れて仕事に没頭しています。間違いなく不動産（賃貸アパート）のことが大好きですし、人よりも得意です。そして社長という仕事も好きです。こちらはどこまで得意かわかりませんが。

そして、好きだから休みも必要ありません。毎日が楽しくてしょうがないのです。

好きなこと、得意なことを仕事にできることは幸せなことです。

一流大学から大企業というレールの呪縛

あなたが就職活動をするとき、会社をどのように選びましたか？

「その会社が有名かどうか」を選ぶ基準にしませんでしたか？

日本の学生は、「有名な会社＝良い会社」という認識のもとで就職活動をしてきました。それは今も変わっていません。人気企業ランキングというものが公表され、多くの学生はそのランキングをもとに会社を選びます。

しかし、このような会社選びが結果的に自分の能力をスポイルしてしまっているように思えてなりません。能力だけではなく、**自分の人生をつまらないものにしてしまっているように**さえ思えます。


かく言う私も、人気ランキングのままに就職活動をした学生の一人でした。

平成11年4月、私は三井不動産に総合職として入社しました。

同期入社は私を含めて13人でした。皆、東大、京大、早稲田、慶応といった一流大学の卒業生でした。

正直に言えば、三井不動産を選んだのに特別の理由はありませんでした。

会社の選択基準として、周りから「すごい」と言ってもらえるかどうかということを考えていました。その基準で選んだ会社で、内定をもらった企業のなかに、たまたま三井不動産があったということです。

非常に恥ずかしい話ですが、有名であるかどうかで判断していたので、受けた業界もバラバラで一貫性がありませんでした。

私が内定をもらった会社は、三井不動産、東京海上火災（当時）、日本興業銀行（当時）、ＪＡＬ、野村證券です。唯一落ちたのが日本銀行でした。

周りの友人も、こぞって有名企業ばかり受けていました。そして受かったのが有名企業であればあるほど自慢になった記憶があります。つまり、大学と同じように会社に偏差値をつけ、有名な会社に入った人間ほどすごいということになったのです。

当時は、不動産会社だと三井不動産と三菱地所が双璧をなし、次いで住友不動産、東急不動産という順番です。銀行で言えば、日本銀行や日本興業銀行が一番を争い、東京三菱銀行（当時）、三井住友銀行、富士銀行（当時）、第一勧業銀行（当時）などの都市銀行が続く状況でした。役所は財務省が一番良くて、経済産業省、農水省と続きます。

このように有名企業（以下、財務省などの役所も含む意味で使用します）を選んでしまう原因には、「社会の目」があると思います。私は東大を卒業しましたが、「東大を出たのだから有名企業に行かなければいけない」という空気がありました。東大を出て小さい会社や学校の先生になるのは「恥ずかしいこと」という変な空気があったのです。

私の同級生に、高校の教師を志望していた友人がいました。彼が就職活動をしていたときに「東大を出て高校の先生にはなれないよな」と言ったのを今でも覚えています。

「東大を出たのに高校の一教師となっては恥ずかしい」という世間体を気にしての発言でした。結局、彼は誰もが知っている超有名企業に就職しました。本当になりたいものではなく、世間の目を気にして就職先を決めてしまったのです。

しかし、彼は例外的な存在ではないと思います。

日本の学生は自分のやりたいことではなく、「世間の目」つまり人にどのように思われるかを尺度に就職先を選ぶため、一流大学の学生はほぼ全員、有名企業に就職する（せざるを得ない）構造になっているのです。

そして、大学三年生になって、いきなりどこの企業が良いかという形で就職活動を始め、もっともらしい志望動機を取り繕って面接に臨みます。

しかし、企業に就職するというのはひとつの選択肢ではあるけれども、皆にとって良いというわけではありません。

絵が好きな人間や音楽が好きな人間もいるでしょうし、スポーツで身を立てたい、もしくは一人で個人事業主として身を立てたい、といったようないろいろな人間がいるはずです。

しかし、ほとんど例外なく、スーツを新調して、決まり切った面接の想定問答を覚え、大企業に入りたがっているのが日本の学生です。

これは非常に変な話です。

有名な女優やアイドルは多くの人に人気があるかもしれませんが、自分の奥さんとして適しているかどうかは別問題です。

会社もこれと同じです。

一流大学を出たからといって、大企業が自分に合っているとは限りません。大企業で働くことが向いている人もいれば、向いていない人もいます。また、一流大学を出ることと大企業で活躍できることには、あまり相関関係はありません。

しかし、一流大学の学生のほとんどが、就職活動のときに有名な大企業を自動的に選んでしまいます。そして、大企業に入っても多くの人が自分の能力を発揮できないでいます。高評価を受けられずに、くすぶったまま不満を抱いています。

幸せに働けないだけでなく、高い能力を埋もれさせているため、結果的に日本の国力を最大化できなくしているのです。

大企業は「能力が充分に発揮できない」システム

大企業で働いている人は、基本的に能力の高い優秀な人たちです。

なかには縁故採用もあるようですが、有名な大学を出て、厳しい入社試験をくぐり抜けて採用されたというケースがほとんどでしょう。

しかし、このように高いポテンシャルを持った人たちが、大企業で生き生きと働けているでしょうか？

そうはなっていないのが現実です。大企業にいるかなりのビジネスマンが、不満を抱えながらくすぶっているのです。

大企業では、優秀な人間が能力を充分に発揮できない。

これがその理由のひとつです。大企業では業務が完全に仕組化されているため、「組織の構造」と「優秀な人間」のミスマッチが生じているのです。

企業においては、創業して軌道に乗せるまでの段階が最も難しく、優秀な頭脳を必要とします。つまり、ビジネスを創造する段階です。

会社を立ち上げたあと、多くのベンチャー企業は会社を軌道に乗せるためにビジネスを仕組化しようとします。企業規模を拡大するためには、社員一人ひとりの能力に左右される部分を少なくし、業務を仕組化（平準化）する必要があるからです。

この創業から仕組化の過程においては、経営者はもちろん、社員も持っている能力をフルに発揮する必要があります。仕組みをつくり、まだ社会的に認知度の低い会社の業績を上げていくには、アイデア力が求められます。

それだけではありません。アイデアをスピーディーに実現させる実行力、お客さまの信用を得る人間力など、さまざまな力が求められるのです。

アメリカでは、ハーバード大学やスタンフォード大学を出たような優秀な学生は既成の仕組みに入るのではなく、独力でビジネスを創出しようとします。これは非常に理に適《かな》った行動だと思います。自分の能力をフルに発揮できるところに身を置くわけですから。

しかし日本では、仕組化の段階がすでに終わっている大企業に優秀な学生のほとんどが就職します（その理由は前項目で述べた通りです）。

仕組化というのは、誰がやっても同じような結果が出るように組織を構築すること。もちろん、個人によって多少の差は出ます。しかし、**基本的には誰がやっても似たような結果が出る仕組みが大企業ではできている**のです。

ＪＲの支社長が替わったからといって、その支社の売上が２倍になったり半分になったりするでしょうか。

すでに立派な鉄道というインフラが整備されていて、売上が上がる仕組みがあるＪＲという大企業においては、一支社長の交代ぐらいで経営状態が急激に変わることはありません。

誰がやっても同じような結果が出て、替えがきくシステムになっている。これが、大企業の大きな特徴のひとつなのです。違う見方をすれば、このような仕組みがつくれたからこそ大企業になったということができます。

私が以前勤めていた三井不動産は、日本で一番大きな不動産会社でした。売上１兆円超、社員数１０００人以上いる典型的な大企業です。

この三井不動産でも、私がやめても一向に困らない仕組みがきっちりとできていました（当たり前ですが）。実際、私がやめて12年になりますが、三井不動産は以前となんら変わることなく動いています。

しかし、これは社員に限ったことではありません。社長さえやめても困らない仕組みが大企業にはあります。だからこそ、大企業は安定して経営ができるわけです。

すでに大企業で働いているビジネスマンは意識的にせよ、無意識にせよ、この「矛盾」に気づいているはずです。

個人の能力に頼らない仕組みということは、替えがきくということです。「その仕事は君でなくてもいいよ。代わりはいくらでもいる」と言われているのと同じです。そんなことを言われて嬉しい人はいないでしょうが、実際に働いていると自分でもわかってしまいます。自分がやめても、会社は何も困らないことを実感します。つまりは、**自己の存在感が感じられなくなる**のです。

基本的に、大企業で働いているのは能力の高い優秀な人たちです。

その優秀な人たちが、誰がやってもそれほど成果が変わらない、替えがきく仕事をしています。

自分のポテンシャルが発揮できず、自己の存在感が感じられないため、フラストレーションがたまります。ですから、仕事が終わると赤ちょうちん（居酒屋）に直行して愚痴るようなことになるのです。

しかし、仕事が終わって会社や上司の噂話や悪口を言うことにどれだけの生産性があるでしょうか？　その場では憂さ晴らしができて楽しいかもしれませんが、非常にもったいないことです。

持っているポテンシャルを発揮できない環境は、本人にとってマイナスでしかありません。それだけならまだしも、能力あるビジネスマンがポテンシャルを発揮していないということは、新たな価値を創造する力が損なわれているということです。これは、日本全体を考えたときに、国家にとっても非常に大きな損失です。

趣味や資格に走る「評価されない社員」

大企業にいると、自分が会社から評価されているのかいないのかは、30歳になる頃にはわかります。その頃には、この先どれくらい出世できそうなのかが大体わかります。いわゆる「先が見える」状況です。

余裕のある会社ほど選別のタイミングが遅くなりますが、遅くとも35歳になる頃には出世させる社員か、そうでない社員かをはっきりさせるでしょう。そして会社が一度決めてしまえば、挽回するのは難しくなります。

また、銀行などではその社員を出世させるかどうかは入社時点で決まっていたりします。出世させる人は山手線の内側にある支店、そうでない人は地方の支店に配属です。

この考え方は、会社としては正しいと思います。「これは」と見込んだ幹部候補生に、早いうちから経営学を学ばせるのは当然のことでしょう。地方の支店に回しておいて、次は常務にする。それはあり得ません。早いうちから人事部、経営企画部に行かせ、経営者のそば（会社の中枢）で育てる。それが普通です。

会社はピラミッド形の構造をしています。出世して上に上がれる社員は一部の社員に限られてしまいます。残念ながら、構造的に積極的な評価を受けられない社員が大半です。

これは組織としてやむを得ないのですが、悲惨なのは「自分は評価されていない」とわかっている社員です。評価されていないと思いながら会社にいつづけるのは、つらいものです。

そういう社員は、どこに生きがいを見つけるのでしょうか。仕事以外の部分、たとえば週末の趣味の世界です。平日はガマンして仕事をして、週末にフットサルなどをしてストレスを発散させるわけです。

資格に走るのもこれと同じです。30代、40代で税理士の勉強をしたり、ロースクールに入ったりする人が少なくありません。

人間には他人に認められたいという「承認欲求」があります。人に認められることで自己の存在意義が確認でき、幸せを感じるのです。

資格の勉強をしていると言うと積極的な行動に見えるかもしれませんが、社内で認められていないため社外で認められようとしているケースがほとんどです。本来なら仕事に注ぐべきエネルギーを仕事外で使っているのですから、本末転倒と言って良いでしょう。

業務上必要とされている場合は別ですが、社内で評価されている人がこうした資格に走ることはまずないはずです。きちんと、注ぐべきところにエネルギーを注いでいます。

大企業にいるのは、基本的にポテンシャルの高い人たちです。しかし、そうした人たちの多くが会社で評価を受けず、仕事ではなく趣味や資格に力を割いているのは「もったいない」としか言いようがありません。

もちろん、大企業で評価されていないからと言ってその人がダメな人間というわけではありません。もともと、高い能力を持っていますから、他の自分の好きな分野であれば評価される可能性は大いにあります。独立起業したりベンチャー企業に転職したりして、その人が活躍できる余地は大いにあるのです。

実際、私はサラリーマンとして優秀とは言えませんでしたが、起業家としてはうまくいっています。**大企業でサラリーマンとして働くことと、起業することやベンチャー企業で働くことは、別の競技をしているのと同じこと**だと考えてください。

イチロー選手は野球をやっていたから成功したわけで、サッカーをやっていたらあそこまでの活躍はできなかったでしょう。

要は、**人には向き不向きがある**ということです。

しかし、大企業にいると、どうしても自分の会社のことしか見えなくなりがちです。給料は同年代の平均より多くもらっている。世間体も悪くない。そうした考えで、自分の視野を狭めてしまうのです。

「大企業以外で働く自分」に考えをめぐらせば、自分の人生の可能性が広がることにきっと気づくはずです。

残るなら「サラリーマン道」を極め出世を目指すべき

大企業で構築されている仕組みは、組織を大きくする上で非常に重要なポイントです。日本の企業の99％が中小企業だということは、ほとんどの会社でこの仕組化ができていないということでもあります。

このように稼ぐ仕組みが確立しており、個人の能力に依存する部分が少なくなっている大企業では、**「仕事ができる・できない」以外のところに大きな評価基準があります。**営業色の薄い会社では、なおさらこの傾向は強くなります。

その評価基準とは、「上司に好かれるかどうか」です。つまり、社内での処世術が非常に大切なのです。また、そのためにはどの上司が出世するのか、力を持っているのか、といった嗅覚も必要です。なぜなら、出世する上司（親分）に付かなければ出世できないからです。大企業で働いているビジネスマンの方なら、おわかりになると思います。

これはある意味、理に適っていることではあります。誰がやってもある程度の成果が出る組織であれば、上の人間は自分の意向に沿った部下を評価するものです。人間心理として、自然なことです。

部下の立場からすると、自分が評価されるためには「上司に好かれるように」考えて行動する必要があります。土日のゴルフや社内麻雀という「課外活動」にも、喜んで参加です。そのようなことを馬鹿らしく感じる人は大企業には向かないでしょうし、評価もされません。実際、私は後者のタイプだったと思います。

私はどうしてもそうした「課外活動」に力を入れることができませんでした。もちろん、やったほうが良いことはわかるのですが、私は目的が明確になっていないとやる気にならない性分です。それをやることで業績が上がる、社会貢献になるというのであれば一生懸命やったと思いますが、業務以外の活動をすることでどのように社会に貢献できるかという点が見えなかったからです。

私のようなタイプは、大企業には向いていません。それは入社してほどなく、自分でもわかりました。

私がいたのは商業施設を扱う部署でしたが、日本で初めてショッピングセンターを証券化する案件など、重要な仕事を担当させてもらいました。また、大型ショッピングセンターにテナントを入れるリーシング業務も担当しました。

しかし、どうしても業務以外の「課外活動」には積極的になれませんでした。もし、積極的になれるタイプなら、独立せず、おそらく今も三井不動産で働き続けていたと思います。

私と同じタイプの人もいるでしょうが、大企業にいる限りは「課外活動」に力を入れるべきです。私が三井不動産にいたときに出世している上司を見ていて思ったのは、この「サラリーマン道」の重要性です。

「サラリーマン道」とは大きな組織の処世術と言っても良いでしょう。

ベンチャー企業や個人事業主にとっては社外の人脈が大きな意味を持ちますが、**大企業においては社内の人間関係構築が重要**です。いや、すべてと言っても過言ではありません。社内でのプレゼンスがすべてなのです。大企業に所属している人で、これに異論をはさむ人はいないでしょう。

サラリーマンの世界は、出世をしなければ権限がなく、大きな仕事ができません。また、何よりも人から評価されなければ面白くありません。会社にいつづけてやりがいのある会社生活を送るためには、やはり上の立場になる必要があります。**どうせなら、社長や役員になることを目指すべき**です。

これを徹底的にかつ楽しんでやれる人がいるのも事実ですし、素晴らしいことだと思います。三井不動産にもそのような立派な人は多数いました。また、現在取引をしている銀行の支店長や役員の方にも立派な方は多数いらっしゃいます。

そうした方々が大企業では出世し、社長や役員になります。そして、大企業のトップの重責を担うわけです。

しかし、これを徹底的にやる覚悟もなく、中途半端にいつづけるのは問題です。こういう人は出世はおぼつきませんし、何よりも評価されていないわけですから充実感は得られません。自分のためにならないだけでなく、会社に良い影響を及ぼしません。自分のためにも会社のためにも、中途半端なまま10年、15年といつづけるようなことは絶対に避けるべきです。

「終身雇用制度の崩壊」と「企業内職能制度」という大きな矛盾

「サラリーマン道」を極め出世するのが、大企業でやりがいを得られるようにするためには必須です。

ただ、これはひと昔前までの考え方になりつつあります。今は状況が一変しました。現在は、たとえ「サラリーマン道」を極め出世したとしても、大企業にいつづけること自体がリスクになる時代です。

単に「どの大企業も倒産の可能性がある」という話ではありません。もう少し深い、日本の大企業が抱える矛盾に関する問題です。

日本の大企業は、ずっと終身雇用制度を前提として活動してきました。学校を卒業して入社した社員を、定年まで雇用します。大卒なら22歳で入社し、定年の60歳までひとつの会社で働くことになります。

そして、この終身雇用制度を前提として企業内職能制度を採り入れました。**企業内職能制度というのは、簡単に言えば「その企業でのみ使える技術」を教える制度**です。

たとえば、日産であれば日産で使える技術を教えます。トヨタでは使えない、日産だけで使える技術です。終身雇用が前提ですから、他の会社でも使える技能を教える必要はありません。自分の会社で使える技能を、より深掘りすることが求められます。

戦後の廃墟から日本が経済大国になる過程では、この終身雇用制度が間違いなく役に立っていました。働くほうは一生勤められるという安心感があり、企業の側には長い時間をかけて技術を深く習得させられるというメリットがありました。世界的に見ても素晴らしい制度だと思います。

しかしバブル崩壊後、日本は成長経済から成熟経済に移行します。高度経済成長期のように、人口が増えて所得が増え、日本全体が成長するという時代は終わってしまったのです。

その結果、大企業の倒産が珍しいものではなくなりました。私が就職活動をしていた平成10年はちょうど山一證券や北海道拓殖銀行といった名門企業が倒産した直後でした。当時はこうした大企業の倒産が少なく、大きな社会的ニュースになったのを記憶しています。

しかしこのとき以来、名門上場企業の倒産が相次ぎます。千代田生命、そごうなど、誰もが知る有名企業です。超安定企業と言われた東京電力ですら本書執筆時点では今後どうなるかわからない状態ですから、時代が大きく変わったことを実感します。

就職活動をしていて思い出深いのは、ＪＡＬに内定をもらったとき、天王洲の最上階のレストランで人事の責任者の方から「ＪＡＬは潰れることはまずないから」と言われたことです。

その後のＪＡＬの状況は説明の必要はないでしょう。

こういった経営環境の変化、そしてアメリカ流の成果主義の導入とあいまって、日本の終身雇用制度は事実上、崩壊しました。一部の企業ではまだ残っていますが、時代背景からほとんどの会社でこの制度が維持できなくなっています。

メガバンクでは、早い人だと40代半ばで転籍を要求され、年収が半分になってしまう時代です。50歳以上で勤められるのはほんのひと握りの部長、役員以上になれる人間だけという厳しさです。これは、今の40代の人が入社したときには予想もしていなかったことでしょう。

日産はルノーの傘下に入り、有名なカルロス・ゴーン社長のもとで大規模なリストラが断行されました。そして、他の大企業においても日常的にリストラが行われるようになっています。家電大手では、数社が平成24年に数千人から1万人規模のリストラが行われましたし、メガバンクでは、約2万人のリストラを予定しています。

しかしその一方、企業内職能制度は依然として残っているのです。**社内では終身雇用を前提とした教育が行われているにもかかわらず、終身雇用は守られていない。**これが、大企業が抱える大いなる矛盾です。

大企業に依存する生き方は「不安定」

大企業という大きな船に乗って安心していたら、リストラや倒産という形で強制的に船から下ろされてしまう。こういうことが、今は珍しくありません。

それでは、船から下ろされるとどういうことになるでしょうか。

大企業では、個人の力で必死に営業しないと会社が立ち行かなくなるわけではありません。会社という看板にお客さまが付いています。

東京電力の社員であれば、東京電力という看板があるから電気料金をもらえ、給料をもらえます。

三菱東京ＵＦＪ銀行でもそうです。企業に営業に行き、三菱東京ＵＦＪ銀行の名前が入った名刺を渡せば担当者は話を聞いてくれます。会社の名刺を持たずに行ったら、確実に断られるだけでしょう。

私自身も三井不動産に勤めていて感じたのは、大企業の名刺の力、つまり看板の力です。連絡して「三井不動産の大谷です」と言えば、大抵の方は会ってくれました。会社名が信用の証しだからです。

普通だったら24、25歳の若手社員では会えないような経営トップの方とも、お会いできました。私はある時期、ショッピングセンターのテナントリーシングの仕事をしていました。このときには、こちらからお願いしなくてもいろいろな会社の方から「テナントに入れてください」と頭を下げられました。

それは、決して自分の力ではありません。会社の看板、名刺の力です。

独立してみて、私は痛いほどこの名刺の力を思い知らされました。**会社名を取ればただの人であり、今まで会ってくれた人も会ってくれなくなります。**それまでは、名刺の力で仕事をしていたということです。

あなたは名刺の力を借りず自分一人の力で稼ぐ自信がありますか？

大企業にいると、会社の看板ではなく、自分の力で仕事を取ってきたり自分で売上を伸ばしたりする「稼ぐ力」が付きにくくなります。先述の通り、大企業では企業内職能制度に基づいて社員教育が行われます。そこでは自社向きの、細分化された技能しか身に付かないようになっています。しかし、これは終身雇用が守られていることが前提となります。

私がいた三井不動産でも、業務は非常に細分化されていました。土地の購入を担当する人、建物の建設を担当する人、テナントを入れるリーシングを担当する人、メンテナンスなどの運営だけを担当する人など、すべてが分かれています。しかも、たとえば運営といっても、自分たちで直接物件を運営するわけではありません。運営の計画をつくるだけで、現場の作業は子会社の社員がやることになります。

仕事全体の規模は大きいですが、**一人ひとりの行う仕事は非常に細分化されているのが大企業の特徴**です。そのため、船から下ろされたときは大変です。

今度は、小さい船を自分の力で漕いでいかなければなりません。しかし漕ぐ力（＝稼ぐ力）が付いていないため、船はなかなか前に進みません。これは、この社会で生き延びる力が不足していることを意味します。

大企業にいても解雇されることはあるし、倒産の可能性もある。

しかし、大企業にいつづけることの最大のリスクは解雇や倒産それ自体にあるのではありません。

自分で船を漕ぐ力、稼ぐ力が付かないまま解雇や倒産に遭う可能性がある。このことが、大企業にいることのリスクなのです。

自分で船を漕ぐ力、稼ぐ力があれば倒産しようとリストラされようと何も恐れることはありません。このような力がないなかで、船を降ろされてしまう可能性が大きなリスクなのです。

私の知り合いに、ある大企業で不動産ファンドの仕事をしていた人がいます。BtoBで何百億円という資金を集めており、仕事ができると見られていた人です。この人が大企業を出て、個人でファンドを始めました。自信があったのかもしれませんが、しかし大企業の肩書がはずれた瞬間、まったく資金が集まらなくなりました。看板の力でお金が集まっていただけで、自分で稼ぐ力は付いていないことがわかっていなかったのです。

「大企業に入ること＝安定」という図式は、もはや日本では成り立ちません。

それでは、このような時代において本当の意味での「安定」とは何でしょうか？

本当の意味での安定とは、特定の企業に依存せず、仕事ができる力を付けることに他ならないと思います。つまり、自分一人でも船を漕ぐ力を身に付けることが必要なのです。会社が潰れてしまっても、リストラされてしまっても、他の会社で働ける。もしくは、独立して自分で仕事ができる。このように、特定の企業に依存しないで働ける力が付けば、何も心配する必要はありません。

大企業に勤めていても、リストラされたら他では働けない、つまり選択肢がないという状態は決して安定しているとは言えないでしょう。

特定の企業に依存しないで働ける力を付けるためには、「そうした力を身に付ける」という意識を持って毎日の仕事に取り組む以外にはないと思います。

そして、自分が働いている会社が、そのために適しているのかを一度考えてみる必要があります。

20代のうちにやめるべき3つの理由

では、自分が大企業には向いていないとして、外に出ようとなったとき、大企業をやめるタイミングはいつにすれば良いのでしょうか？

私の経験上、大企業をやめるのであれば**早ければ早いほど良い**というのが答えです。**やめるのであれば、20代のうちにやめるべき**です。

理由は次の通り3つあります。

①30歳までに社内での自分の位置付け（出世できるかどうか）が見えてくる
②30歳を過ぎると「背負うもの」が多くなって行動できにくくなる

③ 30歳を過ぎると新しい仕事を吸収するのが難しくなる

まず、30歳までには自分が社内で出世する人間なのかどうかがおおよそわかってきます。人間は誰でも評価されたい（人に認められたい）生き物ですから、出世できないままいることは非常につらいものです。

そして、先述の通り、その社内評価も、仕事のできるできない以外の要素（社内処世術）が大きいのが実情です。それであれば、自分が好きなことで、かつ力を発揮できる分野で活躍したほうが良いでしょう。

次に、30歳を過ぎれば結婚をして子供もできて、さらには年収も高くなって「背負うもの」が大きくなります。自分のしたいことが自分だけの想いでできにくくなります。

もちろん、「子供がいるから会社をやめられない」というのは単なる言い訳に過ぎません。しかし、独身に比べればやめにくい状況になることは間違いないのです。

また、万が一失敗しても、若ければやり直しがいくらでもできます。しかし、歳をとればとるほど失敗できない状況に追い込まれるのです。

ですので、行動を起こすのであれば、「背負うもの」がない状態、もしくは軽いうちに実行したほうが良いということです。

最後に、30歳を過ぎてから新しいものを習得するのは大変になります。大企業においては、社外でそのまま通用するスキル（技術）は身に付きません。そのため、独立するにしろ、転職するにしろ、新しいことを学び、身に付けていかなければいけなくなります。

その際に、若いほど吸収できる能力は高いということが言えるのです。逆に言えば、歳をとればとるほど、新しいことは身に付きにくくなります。

以上のように、大企業から外に出るのであれば、30歳までに行動を起こすべきであり、早ければ早いほど良いということです。実際、私自身が起業したのは30歳になってすぐのときでした。起業してみて、このタイミングがギリギリだったと思います。

2

使命感を持ち人生の目標を設定する

なぜ生き生きと仕事ができないのか？

なぜ優秀と言われる良い大学を出て大企業に入った多くの人が生き生きと仕事ができないのでしょうか？
まず一番は、先述したように好きなこと、得意なことを仕事にしていないからです。
そして、そのために心から楽しんで仕事ができていないということが挙げられます。

もうひとつ言えることは、使命感の欠如、目標の欠如です。

会社に入って自分はこの仕事に命を懸けてやるんだという使命感を抱いていたり、そのためには社長になるんだという目標を持って仕事に取り組んでいたりする人は生き生きしています。

大企業においても、毎日生き生きと、それこそ休みも関係なく仕事をして、成果をだし、評価されている人もいます。

しかし、大多数の人はそうではありません。

あなたは今の会社で自分が生涯をかけて成し遂げたい目標がありますか？

その目標を実現しなければいけない使命感を強く感じていますか？

この質問に「はい」と答えられる人は極めて少数でしょう。

ひとつには、大企業に入るのがゴールになってしまっていてそこで何をやったら良いかわからないということが挙げられると思います。

まずは「人生で何を成すべきか」を自覚しよう

私は大学時代、体育会（東大では「運動会」と言います）の庭球部に所属していました。「東大の庭球部」と言うと軟派なイメージを持つ人もいますが、まったく逆です。創部して100年以上になる伝統ある部で、上下関係も非常に厳しく、先輩の言うことは絶対です。私が入ったときにはなくなっていたのですが、その前まではミーティングに1秒でも遅刻するとバリカンで頭を丸めさせられていました。

とても厳しいクラブ生活でしたが、私はこのテニス部で多くのことを学びました。「チームとして目標達成のために努力する」というのもそのひとつです。東大のテニス部は、決して強豪ではありません。しかし、所属している関東大学テニスリーグでひとつでも上のリーグに上がれるよう、全部員が一丸となっていました。

庭球部に熱中していたので胸を張って勉強したとは言えませんが、4年で大学を卒業し、三井不動産に就職しました。

働き始めてしばらくすると、私は違和感を感じるようになりました。大学のテニス部では「ひとつでも上のリーグに上がる」という明確な目標があったのですが、会社では、「組織として何を目指していくのか」という目標が見えなかったのです。

上司からは「売上のため」というような話はあります。ショッピングセンターを開発するにも「土地が手に入ったから」「儲かりそうだから」という理由だけで、理念、方向性というような「物語」が聞かれなかったのはさみしかったという記憶があります。

何も目標を持たず、自然体でやっていれば良いという人がいます。それで成功している人もいますし、そのことを否定するつもりはありません。

しかし私はやはり、**目標に向かって進む姿勢が仕事、そして人生を輝かせるものだ**と思います。

「自分はこれを命を懸けてでもやる」

「それを実現するために、社長になる」

こういった使命感や目標を持って仕事に取り組んでいる人は、生き生きとしています。

繰り返しになりますが、あなたは、今働いている会社で自分が生涯をかけて成し遂げたい目標がありますか？

その目標を実現しなければいけない使命感を強く感じていますか？

この質問に「はい」と答えられない人は、なるべく早く自分の生き方を見つめ直すことをおすすめします。

大企業に入るのがゴールになっていて、入社したあとは使命感も持てず目標もない。こういった状態のまま働き続けると、きっと40歳、50歳になったときに後悔することになるでしょう。

人は、ある目的を持ってこの世に生まれてきています。人には、**その人にしか成し得ないことが必ずあります。**そのことを実現しなければ、せっかく与えられた人生という機会を存分に活かすことはできません。

このことを、有名な教育者の森信三先生は「我々人間にとって、人生の根本目標は、結局は人として生をこの世に受けたことの真の意義を自覚して、これを実現する以外にはない」と表現しています。

また、森先生は「人間は生まれるにあたって天から一通の手紙を与えられている。その手紙には自分が何を人生で成すべきか書いてある」とも言っています。

自分は何のために生きるのか。人生を通じて、何を成し遂げるのか。

このことを深く自覚し、その目標に向かって進むことが、人生を輝かせるための近道だということです。そして、**使命を実現することは、自分が生きた証しを残すことにもなります。**

優秀であればあるほど、自分にしかできないことを実現すべきだと考えるのが当然です。しかし、人生で何を成すべきなのかをはっきりと自覚しないまま、能力を思ったように発揮できずに不満を抱いている。大企業のなかにこのような人が多くいるのは、残念でなりません。

使命感と目標が人生を充実させる

決まった目標もないまま、なんとなくだらだらと働く。

自らの使命感を持ち、目標を設定して働く。

どちらが、充実した人生につながるでしょうか?

やはり、使命感を持ち、目標を設定して働くほうが充実した人生が送れるはずです。

ですので使命感を自覚せず、目標を設定できていない人は、ぜひ**「自分は何のために生きるのか」を考えてほしい**と思います。

また、それほど早くわかるものでもありません。1日、2日で答えを出す必要はありません。ある程度時間をかけ、じっくり考えてください。

目標を設定するには、なぜその目標を実現したいのか、しなければならないのかという使命をきちんと理解しなければ強い想いになりません。途中で挫折することになります。目標設定と人生の使命を自覚することは不可分です。目標設定という作業は、20代の早いうちにやっておくべきです。遅くとも25、26歳頃までには自分の答えを持つようにすべきです。あまり遅くなると、「手遅れ」になります。

20代は、会社で身に付けるべきスキルを覚えるのに必死かもしれません。とにかく仕事ができるようになることが優先で、人生のことは30代になったら考えればいい。こんなふうに思っている人も少なくないでしょう。

しかし、結婚したり子供ができたりすると、転職や起業を思い立ってもどうしても動きづらくなります。また、大企業に勤めていれば30代になると年収もそれなりの額になります。そのときになって「自分がやるべきことは、今の会社ではできない」と思っても、身動きが取れなくなっている可能性があります。

不満を抱えながらも、「今の会社にいつづけるしかない」と他の道をあきらめてしまった30代、40代の人を、私も多く見てきました。そのときになって「もっと早く動いておけば」と後悔しても、あとの祭りです。

私自身のことを振り返ってみても、大学生の頃は自分の人生で成すべき使命、目標などはしっかり考えてはいませんでした。

本気で人生における使命のことを考え始めたのは社会人になってから、24、25歳の頃だったと思います。

三井不動産は、大企業のなかでも非常に恵まれた会社でした。周りの人からも、「三井不動産にお勤めですか。それは良いですね」と言われます。しかし、次第にそう言われることに違和感を抱くようになりました。「それは何のための人生なのか。果たして幸せなことなのか」という疑問が自分のなかに芽生えてきたのです。

それからは、哲学の本を読んだり歴史の本を読んだりしながら「自分は何のために生きるのか」を考え続けました。

私が人生における使命を自覚したのは、26歳のときでした。

自分は何のために生きるのか？　その問いに対する答えです。

それは「**日本のために生きる**」ということでした。

人には自分以外の人の役に立ちたいという本能があると私は考えています。

まずは自分のために生きる。そして、家族や身近な人のため。次に地域社会のため。そして最後は自分の祖国（日本）のためということです。

もちろん、大企業にいても、日本のためにならないということではありません。ただ、もっと直接的にかつ自分の力で日本のためになる生き方をしたいと思いました。

両親が働いていたこともあり、私は幼い頃から祖父に育てられました。典型的な「おじいちゃん子」でした。その祖父から日本の良さを教わって育った私は、大人になってから疑問を感じることが多くなりました。

日本の良さは、日本人の礼儀正しさ、道徳心の高さにあると教えられていました。お財布を落として、きちんと戻ってくるのは世界中でも日本だけです。「貧しいけれども高貴である」（ポール・クローデル）というのが外国人から見た日本人像です。これは、昨年の東日本大震災において世界中から賞賛された日本人の姿です。

そんな良い国であるはずの日本ですが、昨今のニュースを見ていると、本当に日本なのかというニュースであふれています。

親が子供を虐待したり、亡くなった自分の親を生きていることにして子供が年金を詐取したり、親が遊ぶ金欲しさに子供に売春させたり盗みをさせたり。こんなことは以前の日本では考えられなかったことです。

日に日に日本の良さが失われているように感じていました。

この原因は、教育に問題があることがわかりました。

きちんとした歴史を教えないために、ご先祖様への感謝の気持ちがなく、自分勝手な人間ばかりになっていること。

歴史教育と並んで道徳教育も行われないために、偏差値さえ高ければ良い、自分だけ良ければ良いというわがままで利己的な人間になっていることです。

日本のためになるには、この部分を立て直したいと考えるようになりました。その手段としてきちんとした道徳教育を行う学校を創り、きちんとした「真の日本人」を育てることが、自分が生涯をかけて、命を懸けて行うことであると自覚したのです。**日本人として生まれたからには、少しでも日本を良くして次の世代にバトンを渡すことが大切**ではないでしょうか。私は、使命を自覚して以来、毎年年初に手帳に「我が国の持つ『善きもの』を後生に伝えることを自らの使命とする」と記し、自分の使命を確認した上で、一年をスタートさせています。

26歳のとき、このように人生の目標を設定したのですが、いきなり実現できる状況にはありませんでした。20代のサラリーマンが学校を創っても（当然、創れる状況ではありませんでしたが）説得力はありません。

まずは、自分が影響力のある人間になって、説得力を持った上で学校を創設しようと決め、そのための手段として起業することを選択しました。そして30歳のときに三井不動産を退社し、武蔵コーポレーションを設立したのです。

今、私は代表として充実した毎日を送っています。まだまだ道半ばですが、売上は年々伸び、このままでいくと「設立20年で売上１０００億円」という当初の目標も実現可能となってきました。そして、その次の目標である学校経営を行っていきたいと考えています。

それも皆、26歳のときに自分の使命を自覚し、「学校を創る」という目標を設定したからです。もし「何のために生きるのか」を考えることなくあのまま会社にいつづけたら、今頃は充足感を得られず、悶々とした日々を過ごしていたことでしょう。

何のために生きるのか。人生で成すべきことは何か。目標とすることは何か。私の場合、このことをしっかり考え、自覚することが、自分の人生を輝かせることになりました。そして、これはきっと、あなたにも当てはまることだと思います。

好きなことと得意なことで「天分」を発揮する

私は、人間には生まれ持って与えられた役割があると信じています。
それが「天分」というものです。
天分というのは、生まれながらにして天から与えられている能力です。
そして、その能力は自分の好きなこと、得意なこととして与えられています。

イチロー選手は野球が好きで得意です。
石川遼選手はゴルフが好きで得意です。
桑田佳祐さんは歌が好きで得意です。

好きなことだから人よりも努力できて得意なのです。

そして、**好きなこと、得意なことを仕事にするから他人から評価される**のです。

あなたにとって大企業のサラリーマンは、好きで得意なことですか？

人間は、必ずなにがしかの天分を持っています。天から与えられているにもかかわらず、天分が発揮できていない。これはすなわち、人生で成すべき使命が果たせていないということになります。

天分が発揮できていないというのは、石油で言えば地下に埋まったままで何の役にも立っていない状態です。石油は、掘り出されなければ人の役に立ちません。天分も同じで、発揮して初めて、世の中に貢献します。

あなたの能力は地中に埋まってはいないでしょうか？

ただ、いきなり「天分を発揮しろ」と言われても難しいですよね。天分を発揮するには、まず自分がどのような天分を持っているかを理解する必要があります。

それは、先にも述べたように好きなこと、得意なことです。

私は、大きな組織のなかで働くことに非常に苦手意識がありました。大人数のなかで、他の人と同じような行動ができないのです。

入社してすぐに研修があったのですが、そのときに同期入社全員で電話の取り方や名刺の渡し方を習いました。その時点で、「自分には向いていないな」ということがよくわかりました。皆と同じ行動をするのが苦痛だったのです。

要は、**私にとって大企業のサラリーマンというのは好きでもないし、得意なことでもなかった**のです。つまり私の天分ではなかったということです。

皆で同じことをするのは苦手ですが、自分で考えたアイデアを実行することには昔から自信がありましたし、好きでした。こちらのほうに私の天分はあったのです。

それに加えて、相続で得た土地にアパートを建てるという経験をしました。そのときにアパートの経営というのは非常に面白いなと思えたのです。

面白くてアパートに関するいろいろなことを勉強しました。

アパートを買う経験もしましたが、非常に興味深い内容にどんどん惹かれていきました。

そして、将来の目標のために、独立する段になってこのように興味を持ち、好きなことで独立起業したのです。今、充実した日々を過ごせているのは、会社が成長しているのはもちろんのこと、自分が好きなアパートにかかわる仕事に携わり、「天分を発揮できている」ことが大きな理由になっていると思います。

サラリーマンを続けていれば自分の天分を発揮できず、今のように仕事をすることはできなかったでしょう。

ほとんどの場合、天分はその人の強みになります。そして、**仕事は自分の強みで勝負するもの**です。

別に、私のように起業することだけが天分、強みを発揮する手段ではありません。営業が得意であれば営業で、子供を教えるのが好きであれば学校の先生として、絵を描くのが得意であれば画家として強みを発揮することができます。

学校のテストでは「50点と50点で100点の子」と「100点と0点で100点の子」は同じ100点です。しかし、社会は違います。圧倒的に後者が評価されます。逆に前者は0点と同じです。ビジネスに100点未満は意味がありません。お金をもらう以上は必ず１００点でなければいけないのです。

野球を見てみてください。バッティングが得意であればバッティングだけをすれば良いのです。ＤＨという形で守備はやらずにバッティングだけをやる。ピッチャーであればバッティングはしなくても良いのです。

まず、自分の好きなこと、１００点を取れることを考えてみてください。

そのことが、自分の使命の自覚、目標の設定につながるはずです。

早く目標設定し、行動する人間が成功する

自分の使命を自覚し、目標を設定することが、充実した人生の第一歩となります。しかし、目標を持つだけでは意味がありません。目標に向かって行動する。これが大切です。

私は東大を卒業しましたが、合格しようと思わずに東大を受験する人はいません。東大に入るという目標があるから、きつい受験勉強も耐えられるのです。

私も、高校2年生までほとんど勉強していませんでした。しかし、高校3年生になってから火が付きました。高校3年生と浪人の2年間は、東大合格という目標のためにただひたすら、1日10時間以上というノルマを自分に課して受験勉強に励みました。何が何でも東大に合格するという目標がなければ、まずその勉強に耐えられなかった

と思います。

受験生のときには誰もが志望校という目標を決め、それに向かって努力します。

しかし、こと人生になると目標を持たずに生きている人がいかに多いことでしょう。**人生で目標を持たずに生きることは、ただ漂流している船と同じ**です。目指すべき目的地もなく、波に揺られているだけです。これでは充実した人生を送れるはずがありません。

人生は有期限です。必ず終わりが来ます。誰もが、いずれは死を迎えます。目標をできるだけ明確に設定し、それに向かって今、何をすれば良いのかを考え、行動する。このプロセスがないと、限られた時間のなかで充実した人生を歩むことは難しいでしょう。

先述の通り、「学校を創る」という人生の目標を私は掲げました。当時は三井不動産に勤めていましたが、勤めていてはその目標を実現できないとわかりました。そのため、30歳のときに独立するという行動をとりました。

ゴルフの石川遼選手は、早くも小学生のときに「マスターズで優勝する」という人生の目標を掲げていたそうです。そして、その目標に向かって日々邁進しています。マスターズでの優勝はまだ果たしていませんが、世界で初めて10代で賞金王になれたのは、早くから目標に向かって進んでいたからだと思います。

また、指揮者の佐渡裕さんは、小学校の卒業文集に「ベルリン・フィルの指揮者になる」と書いていたそうです。ベルリン・フィルは、世界でトップのオーケストラです。そして平成23年、ベルリン・フィルの定期演奏会に客演指揮者として招かれ、その目標を達成しました。これも、子供の頃からレコードに合わせて指揮の練習をしていたからこそのことだと思います。

繰り返しますが、人生は有期限です。しかも、そのなかで私たちが精力的に活動できる期間は、正味30年くらいだと思います。その**限られた時間内で一定の成果を出すためには、1日も早く行動を開始すること**です。1日も早く人生の目標を設定し、その目標に向かって努力を始めるべきです。

私は現在36歳ですが、同級生のなかにはまだ「将来何をしたら良いかわからない」と言っている人がいます。厳しいようですが、42歳になってそれを言ってもどうしようもありません。おそらく一生漂流した人生で終わってしまうことでしょう。

私は26歳で目標を設定し、30歳で行動を開始しました。もっと早く行動を開始している人は、よりゴールに近づいているはずです。先ほども言いましたが、石川遼選手は、12歳で人生の目標を設定しているのです。

それならばできるだけ早く目標を設定し、それに向かって本気で努力したほうが良い結果を招くことは明らかだと思います。

アイデンティティーを確立する

本章では、使命を考え、目標を設定することの重要性について述べてきました。

その際に絶対に考えなければいけないのは「自分は何者なのか」という点、つまりアイデンティティーを確立するということです。

自分が何者かをきちんと自覚しなければ目指すべきものは見えてきません。

そのためには、自分がたどってきた道を理解する必要があります。来た道がわからなければこれから自分がどこに進めば良いかわからないからです。

アイデンティティーを確立すること、それは**歴史を知ること**です。

自分の両親、祖父はどういう人で、祖先はどういう人間だったのか。

自分の生まれ育った街はどのような街でどのような歴史を持つのか。

自分の祖国はどのような国でどのような歴史を持つのか。

しかし、残念ながら戦後の日本においては、きちんとした歴史教育が行われてきませんでした。戦後GHQにより日本の持つ良き歴史を教える教育が禁止されました。さらに、「日本は悪いことをした」などという教育までも行われてきました。そして、いまだにそのままです。そのために、アイデンティティーをきちんと持てない人間が増えてしまいました。当たり前ですが、自分の国をきちんと知らないだけではなく、自分の国が悪い国だと教えられ、祖国に誇りを持てる人間は育ちません。

自分の国の歴史も知らない人間が、英語を得意げに話すなどは滑稽でしかありません。私自身、「自分は日本人であるというこだわり」を強く感じました。自分は日本という国に生まれ、育てられたという思いが強くあったからです。

だからこそ、日本人として少しでも日本のためになるという使命を感じ、「真の日本人」を養成する学校を創ろうという目標設定に至ったことはお話しした通りです。

アイデンティティーのない人間は「根なし草」と一緒です。世界のどこへ行っても相手にされません。

このように**アイデンティティーを確立することが、使命を自覚し、目標を設定するにおいて不可欠**と言えます。

3

一生困らないための20代での働き方・過ごし方

圧倒的な量をこなす

使命を感じ、目標を定める。これは仕事をしていく上で何よりも大切なことです。しかし、大きな目標に対して突き進むにはそれなりの準備も必要です。その準備をする時期が、私は20代であると考えます。この章ではその具体的な方法を紹介していきたいと思います。

まず20代の若いうちはとにかく仕事の量をこなすべきです。

仕事は質だという人もいますが、いきなり質を高められるわけではありません。

プロ野球選手がとにかくバットを振ることを徹底しているように、とにかく数をこなすことで質を上げていくしかないのです。

また、この量をこなすことができるのは若いうちだけです。30歳を過ぎれば体力も低下し、若い人と同じように量をこなせなくなります。その分歳をとれば質でカバーすれば良いのですが。

私は、新入社員のときに配属された部署がたまたま忙しい部署で、毎日朝の3時、4時まで仕事をするという経験をしました。当時は非常に大変で正直つらいなと思ってばかりいたのですが、今あるのはそのときの経験があるからこそです。

新入社員時代の仕事内容は、コピーや簡単な資料作成だけでした（それすらも満足にできず上司に迷惑をかけていましたが）。しかし、簡単な仕事ながらも1年間長時間労働をこなしたおかげで社会人としての基礎がつくられました。そのとき夜遅くまで仕事のできない私を指導してくれた上司には今も感謝の気持ちでいっぱいです。

独立してしまえば上司がいなくなります。誰も仕事をチェックしてくれないのです。

私の場合で言えば、30歳になったときにそうなりました。

独立して仕事がスムーズにできたのは新入社員の1年間でビジネスの基礎を徹底的に教えていただいたことが大きかったと思っています。その1年間圧倒的な仕事量をこなしたことが、独立後に生きてきたのです。だから**20代においては何よりも徹底的に貪欲に仕事の量をこなすことに注力すべき**です。

仕事は筋トレと一緒

私は、週に2〜3回スポーツジムに通っています。35歳を過ぎて体重が増えてきてしまったために、少しでも運動をして健康を保とうということから行っています（残念ながらジムに行ったからといって劇的に体重が減ることはないのですが）。

ジムに行き、筋トレをしてみると、仕事とまったく同じだと常々思います。

前項で仕事は量をこなすことで質が上がるという話をしました。

つまり、自分に量をこなすことを中心とした負荷をかけることが、自分自身の成長につながるのです。

筋トレにおいては、自分の限界ギリギリのところで負荷をかけます。私は現在、ベンチプレスで50キロの重さをギリギリ上げられるくらいなのですが、これを繰り返すことで筋力が付き、60キロ、70キロとより重いものが上げられるようになるのです。30キロのバーベルを上げても軽すぎて筋力は付きませんし、逆に重すぎてもけがをしてしまうだけです。ポイントは**限界ギリギリのところで負荷をかける**ということです。これが筋力UPに最も有効なのです。

仕事においても、楽をしていてはいくらたっても力が付きません。一方、負荷をかけすぎては病気になってしまったり、続けることができなくなったりします。

自分がこれ以上はできないという限界のラインで負荷をかけ続けていくことで仕事における力を付けることができます。つまり、**成長できる**ということです。

私自身も新入社員のとき、毎朝4時までというのが自分にとって限界のラインだったと思いますし、そのために力が付いたと思っています。

ぜひ若い人には自分の限界のラインで仕事を行うことをおすすめします。

仕事は筋トレと一緒です。

仕事の基本を徹底する

若いときの仕事においては**基本を徹底することが大切**です。

基本を徹底することで将来の伸び幅が大きくなりますし、逆に基本がおろそかになってしまうと将来の伸び幅がなくなってしまいます。

建物の場合、高い建物を建てようと思えば、基礎の部分がしっかりしていることが最重要です。ぐらついた土台の上には高い建物は建ちません。

野球においては、まずはキャッチボールを徹底的に覚えます。キャッチボールが野球における基本であり、あらゆるプレーに通じるからです。キャッチボールができないなかでダイビングキャッチや背面キャッチの練習をしても意味がありません。

数学（算数）においては九九です。

九九ができないなかで因数分解や方程式を解こうとしても意味がありません。九九という基礎を徹底することで、その後の数学の理解度が深まっていくのです。

インドにおいては、二桁の掛け算まで暗誦するほど徹底しています。これはいかに基礎力を大切にしているかという証拠です。

では、仕事における基本とはなんでしょうか？

私は、**仕事における基本はコミュニケーション力と文書作成力**だと考えています。この2つを徹底的に体得することで、将来的にどのような業務にあたっても通用する力が付きます。

仕事は、一人ではできません。社内の人、あるいはお客さまや協力会社など社外の人と一緒に進めていくことがほとんどです。円滑に仕事を進めるためには、コミュニケーション力が必須です。**コミュニケーション力とは、相手の立場に立って考え、相手が求めるものを感じ取れる能力**です。たとえば、社内の人に仕事を手伝ってもらうとします。そのとき相手の手がふさがっていたら、急ぎの仕事でなければ、「明日でも良いからね」と一言声をかけるだけで、仕事が円滑に運ぶようになることは珍しくありません。

もちろん、お客さまとのコミュニケーションは大切です。しかし、社内の人とうまくコミュニケーションが取れなくて、お客さまとスムーズにコミュニケーションが取れるはずがないと私は思っています。

まず、社内で円滑にコミュニケーションを取れるようにしてください。「あの人の仕事だったら協力する」と、周りが応援してくれるようになると理想です。

社内にも、さまざまなタイプの人がいます。いろいろなタイプに対応して社内でコミュニケーションがうまく取れるようになれば、お客さまとのコミュニケーションもスムーズにできるはずです。

そして、お客さまに提案するときや、上司へ報告するときなど、仕事においては、文書でのアウトプットが必要です。わかりやすく、相手に伝わる文書をつくる力が欠かせません。文書作成力が重要なのです。

私自身、お話ししたように新入社員の1年間で徹底的に文書作成とコミュニケーションを学びました。今になってみるとあのときに学んでいなければ到底今の仕事はできないと感じます。

ですので、20代のビジネスマンは営業テクニックやプレゼン技術の前に、コミュニケーション力と文書作成力を徹底的に鍛えるべきです。

結果にこだわる

仕事をする以上は結果で評価されます。**結果がすべて**ということです。厳しいようですが、努力をしたしないは、関係ありません。

深夜1時、2時まで作業していることを自慢する人をよく見かけます。

それだけ仕事に情熱を傾けられるのは、素晴らしいことです。しかし、本人にそのつもりはないかもしれませんが、**「これだけ長時間働いていることを評価してほしい」と思っているとしたらそれは間違い**です。

そういう人に、私であればこう言います。

「素振りを1000回しても誰もほめないからね。素振りを1回もしなくても、ヒットを打つ奴のほうが評価されるのが仕事だから」

1000回素振りをしたからといって評価されるのはプロではありません。素振りをしようがしまいがヒットを打つことがプロの仕事です。

たとえば、あなたが美容室に髪を切りに行ってひどいカットをされたとします。店長が出てきて、この者は毎日遅くまで練習しているので許してください、と言われて果たして許せるでしょうか？　客であるあなたにはカットをした人の練習時間が長いかどうかは関係ないはずです。

大切なのはあなたの要望通りのカットが行われたかどうかのはずです。

提案書を10時間かけてつくっても1時間しかかけなくてもお客さまには関係ありません。お客さまが納得できるものかどうかが大切なのです。

たとえ電車が遅れて約束の時間に間に合わなかったとしても間に合わなかったのが悪いのです。電車が遅れたという言い訳は通用しません。遅れを想定して早く出るか別の手段で行けば良かったのです。

しかし、こと自分の仕事に当てはめると結果を度外視してプロセスを評価するよう求める人が多い気がします。「遅くまで仕事をした」「書類を何度も見直した」「一生懸命努力した」などなど。

プロセスを評価し始めた時点で、言い訳を認めることになってしまうと思います。1000回も素振りをしたのだから、ヒットを打たなくても良いだろうということと同じです。それではいつになっても成長することはありません。自分で言い訳を認めていたらそれ以上の努力をしなくなってしまうからです。

プロとして仕事をする以上、必ず結果を出さなければいけないのです。どんな過程を踏もうと結果を出すか出さないか。この一点にかかっています。

もちろん、結果を出すためには人一倍の努力をしなければいけませんが、評価の焦点をプロセス（努力）ではなく、結果に当てることが、自身が成長するためには必要なのです。

スピードを持って行動する（早く、速く）

仕事で評価を得るためにはスピードは非常に重要です。

当社の仕事でも物件を見に行くのが１日遅くなってしまったために他社に買われてしまったというような、苦い経験を何度もしています。

そのため、何をおいてもスピードを持って行動するというのを全員の共通認識としています。

スピードには２つの意味があります。

早く始めることと、速く行うことです。

ビジネスは１００メートル走のように一斉にスタートしなければいけないわけではありません。いつスタートしても良いのです。

ですので、１秒でも早くスタートした者にアドバンテージがあるのは当たり前です。

人よりも早く始めるということは、自身が成功するために非常に大切になります。

私が事業を始めた平成18年には、収益物件を専門に扱う会社はほとんどありませんでした。早く始めたからこそ、今のような実績がつくれたのだと思います。

個人の仕事でも、能力が同じなら3日前から始めるのと1日前から始めるのとでは準備が3倍違います。早く始めたほうが、絶対的にアドバンテージがあるのです。

次に、**速く行うということが大切**になります。

たとえば、3日以内に書類を作成するという仕事を上司から依頼されたとします。丁寧に3日間かけて提出するよりも、多少雑でも2日で仕上げて早めに提出して赤入れをしてもらって、修正して3日目に再提出するという方法のほうが圧倒的に仕事の精度は高くなります。

何よりも仕事を依頼する上司にとっては、早く、速く仕事をしてくれる人は非常に安心できます。結果としてもっと難しい仕事を任せるようになります。

仕事はスピードを持って早く、速く行うべきです。

「ワークライフバランス」は必要ない

平成24年3月、人材派遣のパソナグループが就職活動中の学生492人を対象にした「就職活動学生の〝仕事〟と〝就活〟に関する意識調査」を発表しました。「就職先を探すときに重視するもの」という質問に対して「会社の雰囲気」が1位になるなどなかなか興味深い内容なのですが、私が気になったのは「望ましい働き方」という質問です。

「さまざまな部署・職種を経験したい」「グローバルに活躍したい」などの項目が並ぶなか、「望ましい働き方」で1位になっていたのは「個人の生活と仕事のバランスをとって働く」。学生の間で、ワークライフバランスを重視する傾向が顕著になっていたのです。

ワークライフバランスという言葉が口の端にのぼるようになったのは、ここ5、6年のことだと思います。平成19年に内閣府が「仕事と生活の調和（ワークライフバランス）憲章」を策定したこともきっかけのひとつだったのでしょう。

ワークライフバランスは、ワーク（仕事）とライフ（人生）のバランスを取るということです。仕事ばかりでは、人生がおろそかになってしまう。仕事にかたよることなく、人生とバランスを取るようにしよう。簡単に言えば、こういう考えだと思います。

ここには、仕事と人生は別のものであり、仕事は嫌なものだという意味が込められています。もっと言えば、仕事は生活するためのお金を得る手段であるという意味合いが含まれています。

しかし、果たしてこのような考え方で充実した人生が送れるでしょうか。

誰でも仕事には多くの時間を割きます。短い人でも1日24時間のうち、3分の1以上は仕事をしているはずです。それほどの時間を割く仕事が嫌なものだったら、楽しい人生とは言えないでしょう。

仕事は、人生の重要な一部です。仕事と人生をきっぱりと分けることはできません。

もちろん、家庭の時間も休日も大切です。しかし、精神的な意味で境界を設ける必要はないと思います。

仕事が楽しければ、あえて境界を設ける必要はなくなります。

石川遼選手は、オンもオフもゴルフのことを考えているでしょう。イチロー選手が、今日は休みだから野球のことは忘れたいと思うでしょうか。桑田佳祐さんが、仕事だからと嫌々歌を作ったり唄ったりしているでしょうか。

一流と言われているプロのスポーツ選手や起業家は、それこそ寝ても覚めても仕事のことを考えています。それが好きで好きで楽しくてしょうがないのです。

私自身もまだ経営者として一流とは程遠いですが、毎日楽しんで仕事をしています。休みになると逆にそわそわして不安になってしまうので、休みは年間でもそれこそ3、4日だけです。数少ない休みの日でも家族との会話もうわの空で、いつもビジネスのヒントを探しているあり様です。

妻からは変わっていると言われますが、私には仕事が楽しいし、仕事をしていないと不安になってしまうのです。言葉が適切かどうかわかりませんが、**仕事が遊びであ**

り、**趣味になっている状態**です。

その遊び（仕事）をしてお金がもらえ、頑張れば頑張っただけ儲かるのだからこれ以上の喜びはありません。私にとって、仕事ほどエキサイティングな遊びはないのです。つまり、**成功している一流のスポーツ選手や起業家にとって仕事は、「生活の手段」ではなく、仕事そのものが「生きがい」になっている**のです。

私のように、皆さんも一年に3、4日しか休むなと言うつもりはありません。しかし、自分の使命を自覚し、それに基づいた目標が設定できているなら、また、好きなこと、得意なことを仕事にできているならワークライフバランスといって仕事と人生を切り分ける必要はなくなるでしょう。ワーク（仕事）の充実が、そのままライフ（人生）の充実につながるのですから。

望ましい働き方（上位3つまで回答）

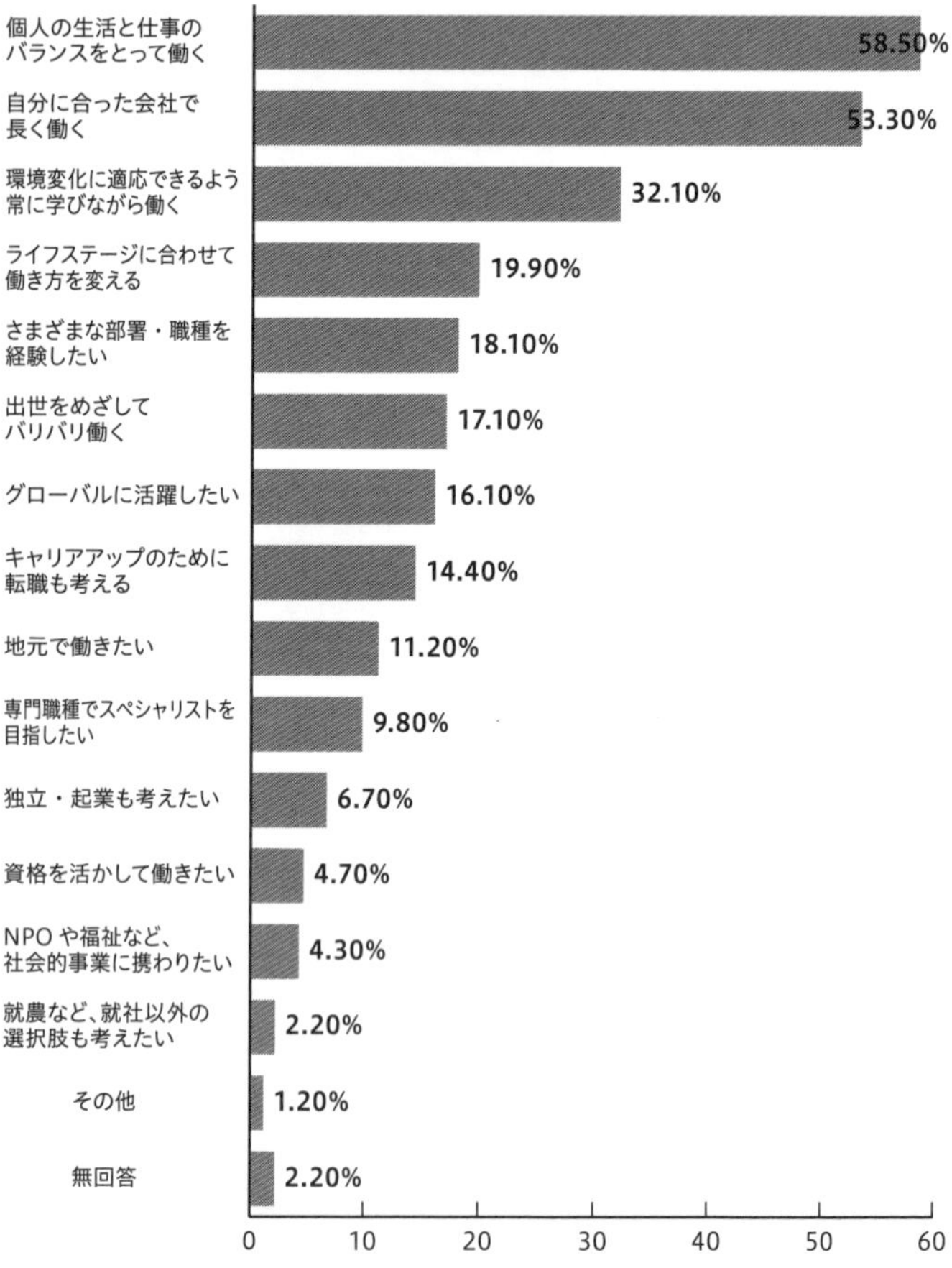

パソナグループ『就職活動学生の“仕事”と“就活”に関する意識調査』(2012 年3 月30 日発表)

評価の仕組みを知る

人が生きていくことは、評価されることと不可分です。まして、仕事には評価が密接に付いて回ります。上司からの評価、同僚からの評価、そしてお客さまからの評価。評価から決して逃げることはできません。

逃げられない以上、評価とはどのようなものかをきちんと理解し、評価されるような行動をとるべきです。

評価とはすべて、「他者」が「主観」で「相対的」にするものです。

これさえわかっていれば、あとはこの基準に沿った行動をとるだけです。

仕事においては、自己評価はまったく意味がありません。すべて**他者からの評価で決まります。**「自分のお店のケーキはおいしいです」といくら言っても意味がなく、おいしいかどうかを決めるのはお客さまです。

この点を理解していない人を往々にして見かけます。さらに厄介なのが自己評価が他者評価を上回っている人です。「俺はこんなに仕事ができるのになんで評価されないんだ」というタイプです。そして、この評価のギャップを苦に病気になったり、自殺してしまったりという例があとを絶ちません。

このタイプは大きな勘違いをしています。仕事では「自分ができる」と思ってもまったく意味がありません。評価は他人がするもの。まず、そのことをしっかり認識する必要があります。

それでは、他者はどのような基準で評価するのでしょうか？

それは主観です。もっと言えば「好き嫌い」です。

Aさんがケーキ屋さんを選ぶとき、Xというお店とYというお店のどちらを選ぶか。**判断の基準は、Aさんの主観、つまり好き嫌い**です。ここに客観性はありませんし、そもそも客観的である必要はありません。

社長が交代するにあたって、次の社長に誰を指名するか？　自分の好きな人間です。つまり前社長の主観です。お客さまがA社と当社のどちらに管理を委託するかと考えるとき、決め手はただひとつ。お客さまの主観です。

ということは、もうおわかりでしょう。

決定者の主観に訴える仕事をすれば良いのです。そのためには、コミュニケーション能力を高め、相手の求めることを感じとらなければなりません。

仕事において、決定者はお客さまや上司です。社外では、お客さまが皆さんの仕事について決定を下します。社内では、上司です。社内においては、上司が一番のお客さまです。

あなたの仕事について評価するのはお客さまや上司なのですから、お客さまや上司の主観に訴求して、選んでもらえるように仕事をする。このシンプルなことを徹底するだけで、成果は大幅にアップします。

仕事の評価は、他者が主観で行います。

そして、それは必ず相対的な評価になります。

A社かB社か、A君かB君かというように、**比較して一方が選ばれ、一方が落ちます。**

両社が選ばれることはありません。これが仕事です。

競合と比べて勝てるかどうかで、仕事は決まります。

学校の成績は、絶対評価です。試験の成績が良ければ、何人も「優」の学生がいたでしょう。

しかし、仕事はすべて相対評価です。お客さまはいくつもの商品から一社の商品を選びますし、社内では何人もの役員から一人を社長に選びます。

商品が良いので、お客さまが何社もの商品を買うことはありません。仕事の成果が出ているからといって二人が社長になることはありません。このことをきちんと理解する必要があります。

それさえ踏まえることができれば、どのように仕事を進めるかということが一目瞭然になります。

小さな約束を守り信用を築く

仕事において一番重要なものは信用です。

信用があるからこそ仕事はできるとも言えます。

そして、**信用を築くのは大変で長期間かかりますが、失うのは一瞬**です。

若手のビジネスマンが信用を築くには小さな約束をひとつずつ果たしていくしかありません。

小さな約束をひとつ守ることでひとつの信用が積みあがります。その積み重ねがその人の信用ということになります。

成功者は皆この小さな約束を大切に、信用を築いています。

そのためには、**必ず約束を守る**ことです。

どんな小さな約束であっても破ってはいけません。

お客さまとの打ち合わせで約束した時間に1分でも遅れれば、その1分が信用を失います。

たとえ1分でも「時間に遅れてくる人間」とあなたは取引をしたいと思うでしょうか?

どんな良い提案をしても、信用のない人間からものを買おうとは思わなくなります。

事業をする上で、私は何よりも信用を大切にしてきました。

「売ったら終わり」が当たり前の不動産業界では珍しいのですが、当社ではお客さまが物件を購入したあとでも、その物件に対して責任を持つことをポリシーにしています。

今までに販売した物件のなかには、販売後に水漏れなどのトラブルがあったものが若干ありました。

そうした場合、法律的には仲介会社が補償する義務はないのですが、私は仲介手数料を全額、もしくは一部をお客さまにお返しし、工事費用に充当してきました。それが、お客さまとの「約束」だからです。約束を必ず守りつづけたことで、信用してくださるお客さまが増えてきたと思っています。

また、個人の仕事においても同様です。若手のうちは小さな仕事を任されます。たとえば、先ほども述べたような、書類作成の仕事にしても、「3日後に資料を作ってほしいと」上司から頼まれ、「はい」と答えたのならば、それはひとつの約束です。それが1万件、2万件の膨大な顧客データをまとめるような、到底3日では終わりそうにない仕事であったとしても、徹夜してでも約束の期日は守る。その積み重ねが、すなわちあなたの信用となるのです。

コピーを1枚とる、FAXを1件送るなどでも同じです。その仕事自体は、些細な仕事かもしれません。しかし、その些細な仕事をきちんと果たす。

つまりは、**約束をきちんと守ることが、信用になり、さらに大きな仕事を任せられるようになる**のです。

常に相手の期待を上回る仕事をする

先に述べた通り、仕事は、「他者」が「主観」で「相対的」に評価します。そして、**高い評価を得るためには常に相手の期待を上回るような成果を出す**ということです。

私は、これがプロの仕事だと思います。

レストランに行って5000円でディナーを食べたとします。そうすると、帰るときに5000円の価値があったかどうか、無意識に考えるはずです。

5000円以上の価値があったと思えば「また行こう」となりますし、逆に5000円の価値がないと思えば二度とそのレストランには行かないでしょう。すべては期待を上回ったかどうかで判断されるのです。

すべての仕事は、これと同じです。

仕事においては、相手は必ず期待値を持ちます。10万円の商品であれば、10万円が期待値です。その期待値を上回る商品やサービスを提供できるかどうかが、プロとして仕事を成功させられるかどうかの分かれ目です。

当社の事例であれば、管理を委託されるオーナーさまは5％の管理料を支払う対価として、満室になることを期待します。空室がすぐに満室になれば「管理を任せて良かった（5％を支払った価値があった）」と思いますし、いつまでも空室のままでは「5％の管理料がもったいなかった」と思われてしまいます。いただく管理料以上の価値を提供できるかどうかが、当社にとってはプロの仕事ができるかどうかのカギになります。

これは、個人の仕事でも同じです。

営業職であれば、お客さまから期待値を求められます。その期待値を超えられれば、お客さまは感謝し、またあなたに仕事を依頼するでしょう。しかし、その期待値を超えられなければ、お客さまは失望し、二度とあなたに仕事を依頼することはないでしょう。

社外のお客さまに向けての仕事だけでなく、社内の仕事においても同じことが当てはまります。

社内の仕事においては、仕事を依頼する上司がお客さまです。その上司（お客さま）が発注した仕事を相手の期待値を超える形でできるかどうかで、その後、任せられる仕事が変わってきます。相手の期待を大きく上回るスピードや内容を提出できれば、より高度な仕事を与えられるようになるはずです。

また、「相手の期待を大きく上回る」ということを対会社で考えれば、給料以上の仕事をするということになります。

しかし、給料＝会社の期待値ではありません。

私は新入社員のとき、上司から「自分がもらう給料の3倍は稼がなければいけない」という話を聞かされました。当時の給料は30万円くらいだったと思いますので、約100万円の利益をもたらさなければいけないということです。

それ以来、必死に100万円の稼ぎをできるようにやりました。正直、会社の知名度で仕事ができたので自分がどこまで貢献できたかはわかりませんでしたが、気持ちの上では3倍ということをいつも意識していました。

会社としては、給料以外にも社会保険をはじめ事務所の家賃、水道光熱費など多額の間接費用がかかります。営業として前面に出るためには、事務スタッフの人件費も必要です。

このように考えれば、自分がいくら会社に利益をもたらさなければいけないかというのがわかってきます。給料分だけ働けば良いと思うのは、まったく的はずれです。会社に、そして他の社員に甘えていると言われても仕方ありません。

会社に対して期待以上の仕事をするためには、少なくとも自分がもらう額面給料の3倍の利益をもたらしているかどうかを常に考えて仕事に臨むようにすべきです。

配偶者選びは価値観の共有を絶対条件とする

人生で成功するには一人の力ではできません。どのような仕事であれ周りの人に応援してもらう必要があります。そのなかで最も身近で応援してくれ、最も大切な人は奥さん（旦那さん）でしょう。

奥さんは最も身近なパートナーという存在です。奥さんの応援なしに人生で成功しようと思うのはなかなか難しいと言わざるを得ません。

よく聞く話として、独立（転職）しようとしたら奥さんに反対されてできなかったという話です。これでは、何のための奥さんかと思ってしまいます。

そのためには、容姿ももちろん重要ですが、それに加えて価値観と能力が重要です。自分が進みたい方向と彼女が進みたい方向が一致していればプラスの力が生まれますが、違っていればマイナスの力が働いてしまいます。

夫婦というのは最小単位の組織ですから**価値観の共有は絶対条件**です。

自分が独立しようと考えている男性と、できれば大企業で安定して勤めてほしいという女性ではうまくいくはずがありません。

私は三井不動産時代に後輩と社内結婚をしています。彼女には結婚する時点で独立起業するという将来の夢を話していたので、独立に際しても問題はありませんでした。それだけではなく、独立後いろいろな困難にぶつかってもその都度陰に日向に応援してくれています。彼女には大変感謝しているのですが、やはり**結婚時点の価値観の共有というのが非常に大切**だと思います。

また、将来成功したときにはいろいろな場面で夫婦同伴が求められます。外国ほどではないですが日本でも立場が上になれば夫婦で出る機会はあります。

パーティーであったり接待であったりと。そのときに「どこに出しても恥ずかしくない」、さらには「すごい」と言われるくらいの奥さんであってほしいものです。なんであんなのと結婚したのかと馬鹿にされるようでは男を下げることになりますのでいけません。

きちんと仕事の話ができる知性を持った女性（異性）を選ぶべきです。そういった意味では、**配偶者選びは人生の成否を左右するほど大切**なことです。

常に周りに感謝する

私の尊敬する方に小野田寛郎さんという方がいらっしゃいました（残念ながら、数年前鬼籍に入られました）。

大東亜戦争当時、陸軍少尉としてフィリピンで諜報活動にあたり、終戦を知らされず約30年間の長きにわたりフィリピンのルバング島で戦いを継続された方です。

何もないジャングルで約30年間戦い続けるという精神力に私は圧倒され、ただただ尊敬の念を持つとともに、この方のおかげで今の日本があることを実感し、感謝の気持ちを強く持ちました。

大東亜戦争のときには、小野田さんのように命を懸けて日本を守ろうとした人がたくさんいました。たとえば特攻隊や沖縄戦で命懸けで戦った人がいたからこそ、アメリカが自軍の被害が広がることを懸念して本土決戦を回避することができたのです。

こうした人々のおかげで、日本は守られたのです。

小野田さんは、初めは部下二人を含む三人で活動を開始し、のちに部下の二人が斃れ、最後の2年間は一人でジャングルのなかで戦い続けたご経験を持ちます。

そのように一人で戦ってきた強靭な精神力をお持ちの方が、「人は一人では生きられない」、そして、「他人様に感謝しなければいけない」ということを常々おっしゃいます。

ジャングルのなかで一人で生きていくためには、着ている服を直すための針からつくらなければいけない。日常の生活で何気なく使っている品々も、すべて他人様がつくってくれたからこそのもの。それを考えれば、「いかに他人様のおかげで生活することができているのか」、そしてそれが「どんなにありがたいことなのか」ということをお話しになるのです。

日本は戦後豊かになり、ものがあふれる時代になりました。しかし、他人のおかげで生きているということは変わりません。何ひとつ自分ではつくることはできないのですから。

お金さえ出せば何でも手に入るというのは大きな誤解です。食糧や資源を止められ、やむを得ず戦争に踏み切らざるを得なかったという経験を日本はわずか数十年前にしたばかりです。それを忘れて傲慢になることは決して許されないことだと思います。

仕事も同様です。

仕事は決して一人ではできません。いろいろな人の支えがあってできるものです。自分が営業で数字を上げているとしても、それを支える事務の人間、経理の人間その他多くの人のおかげで仕事ができています。

それを自分の力でできていると思うのは大きな思い上がりです。

これは社長であっても同様です。

私自身、一人で起業しましたが、妻の支えがあり、協力してくれた方々のおかげで、今に至っています。今は150名の社員、さらにはお客さま、取引先の方々のおかげで会社が成り立っているのです。

「人は一人で生きられない」これは仕事や家庭、すべてに言えることではないでしょうか？　そして、**常に周りの人に感謝をし、謙虚さを保つ**こと。これが**日本人としての美しい生き方**だと思います。

運を大切にする

私はその人の持つ「運」というものが非常に重要だと思っています。極端なことを言えば「**運がすべて**」くらいに思っています。

ですので、運の良い人とお付き合いをしたいと思っていますし、実際そのようにしてきました。私自身はすごく運が良い人間だと思っています。

私は、子供の頃から喘息が酷く、養護学校に入っていたりして小学校には半分しか行けませんでした。そのため、祖父と遊ぶ日々を送ってきました。

それでも浦和ルーテル学院というキリスト教系の小さな学校に入ったことで立ち直ることができました。さらには無名の公立高校から東大に入ることもできました。

東大を受験したときは早稲田、慶応、上智だけでなく明治まで落ちて受かったのが東大だけという状況でした。これは運が良いとしか説明ができないと思います。

また、何の経験もないのに一人で独立して、ここまで来られたのも運のおかげだと感じています。

私は三井不動産にいた頃、商業施設の開発に携わっていました。その仕事では、テナントになる会社の経営者と話をする機会がたくさんありました。

数人の経営者の方とはかなり親しくさせていただき、経営の心構えから具体的な経営のノウハウまで、さまざまな話を聞かせてもらいました。

このときの経験が、のちに起業するときに大いに役立ちました。こうした出会いも、やはり運だと思います。

もちろん、その前提に努力というのは必ず必要なものですが、**努力だけでは成功することはできない**と信じています。

運が良いか悪いかというのは、科学的には説明はできないでしょう。しかし、運が良いと思える人、そして運を大切にする人はほとんど成功しています。特に起業家（経営者）にはこのタイプが多いのも事実です。

運を良くする上で欠かせないことがあります。

それは、前項目に書いたように感謝の気持ちを持つということです。特に、ご先祖様への感謝は絶対に怠ってはいけません。そのためには**定期的にお墓参りと神社への参拝を行うことが大切**です。

私たちが今ここに存在するのはすべてご先祖様のおかげです。そして、ご先祖様をずっとたどれば、日本の神様である天照大御神をはじめとする多くの神々様にたどり着きます。

そのために、お墓参りや神社を参拝し、日頃の感謝の気持ちを伝えます。決して願い事をするためではありません。

もちろん、運を良くするためにお墓参りや神社への参拝をするのではありません。感謝の気持ちを持つことで、結果として流れが良い方向にいく（運が良くなる）ということです。

そして、自分の周りの人にも気を付ける必要があります。常に不満や愚痴を言っている人は基本的に運の悪い人ですので、そのような人とは付き合わないほうが良いのです。そういう人とはできるだけ接しないようにします。

常に明るく前向きな運の良い人と付き合うことで自分自身の運も良くなってきます。

今すぐ行動する勇気を持つ

幕末、黒船が来航し日本に大きな危機が訪れました。他のアジア諸国のように植民地にされてしまうのではないかという危機です。

そのときに、坂本竜馬や吉田松陰らは自らが属する藩を捨て日本のために命を懸けた活動を開始しました。いわゆる脱藩です。

当時の脱藩は切腹に値する非常に重い罪でした。つまり、彼らは命に代えても日本の国を守ろうとしたのです。

それに比べれば自らの使命感に基づき大企業を退職し、独立することやベンチャー企業へ転職することは大したことではありません。今の時代に切腹を求められることはないのです。そう考えれば大企業から飛び出すということも大したことではないとおわかりいただけるのではないでしょうか。

一塁ベースに足を着けたままでは二塁ベースに行けません。一歩を踏み出さなければ景色は変わりません。大企業で働いている方々を見ていると、「出たいのだがリスクがあって」ということを言われる方が非常に多いのに驚きます。

そして「いつかは独立したいのだが」と言うものの一生できない人が多いのも現実です。実際私が新入社員で入ったとき、何人もの先輩から将来独立するという話を伺いました。しかし、実際に独立した方はいません。今でも、かれこれ20年近くも「立派に」勤めています。

「いつか」は「一生ない」ということです。そして掛け声だけかけてもまったく意味がありません。すぐに行動するだけです。

このときの注意点は、会社の同僚や先輩・後輩に相談しないことです。なぜなら、相談しても彼らは経験がないのでわからないからです。

そして、大抵否定的な話になります。これは結婚していない人に結婚の相談をするようなものです。相談するのであれば、実際に起業した人やベンチャー企業に飛び込んで成功している人など、その世界で活躍している人に相談すべきです。

4

自分の力を発揮するベンチャーというフィールド

「芽を育てて木にする」のがベンチャー企業の幹部

もしあなたが自分の天分、使命、そして目標について考え、大企業ではそれが果たせないと思ったとしましょう。そうすると、大企業ではない他のフィールドとして、ベンチャー企業が活躍する場として候補になるはずです。なお、大企業から大企業への転職というのはあまり意味があるとは思えません。基本的には、業種の違いこそあれ、大企業の根幹的な構造はどこでも変わらないからです。

当社には、三井不動産、住友不動産、ＪＲなどの超有名企業から転職してくる若者が多くいます。彼らは、大企業では得られないものを求めてやってくるのです。

ベンチャー企業で働くには、大きく2つの道があります。自らベンチャー企業を立ち上げる。既存のベンチャー企業に入り幹部、もしくは幹部候補として働く。この2つです。

優秀な人間が10人いたとして、独立起業してうまくいく人は一人くらいだと思います。起業して継続して事業を行うには、高い意識と高い信念がなければなりません。また起業して成功しようとすれば、実力だけでなく運も重要になってきます。独立起業に向いている人は現実的にはそう多くはないというのが実態です。

一方、優秀な人間でかつその会社が行っていることが「自分の好きなこと」であれば幹部として活躍できる可能性は高いでしょう。もちろんベンチャー企業の幹部はプレッシャーもかかりますし、大変なことが多いのも事実です。しかし、独立起業することに比べればハードルが低いことは間違いありません。

この2つのタイプは上下の関係ではなく、向き不向きの関係です。

自分がどちらのタイプか、考えてみてください。

独立して起業することに自分の天分はあり、考えているビジネスをやることに使命を感じているという人は、ぜひ起業にチャレンジしてほしいと思います。しかし独立起業しなくても、既存のベンチャー企業で持っている能力を存分に活かし、天分を発揮できる人も少なからずいるでしょう。

大企業では、社員は大きな組織のなかの小さな歯車にしかすぎません。しかし、べ

ンチャー企業では社長とともに自分が主体となってビジネスを創造し、会社を動かすことになります。そうした経験からは多くの学びや充実感が得られます。

何よりも自分が生み出す仕事によって自己の存在感が感じられ、自分が生きた証しができます。そして、**会社の名刺（肩書）がなくても、どこでも働ける、本当の意味での「安定」を手に入れることができる**のです。

ベンチャー企業は、無限の可能性を秘めています。もちろん潰れてしまう可能性もあるので、リスクも低くはありません。しかし、うまくいったときには報酬も大きくなります。世の中、リスクとリターンは基本的にバランスが取れています。リスクを大きく取れば、成功したときのリターンは大きくなるのです。

ベンチャー企業の仕事は、一般的にハードです。仕事は仕事、人生は人生と割り切っている人には向いていません。仕事の充実が人生の充実と考えられる人が、ベンチャー企業で輝ける人です。

また、会社に安定を求めている人にも向いていません。大手企業も決して安定しているとは言えない時代ですが、今でもベンチャー企業は大手企業に比べて不安定であることは否めません。「不安定だから面白い」と思える人が、ベンチャー企業で生き生きと働ける人ですし、自分に力を付けられる人です。

特に一流大学を出て大企業にいる人は、「ベンチャー企業に行く」と言うと親や親戚から反対されるかもしれません。「せっかく良い大学を出て、良い会社に入ったのにもったいない」と言われます。

このような反対で心が揺らぐような人も、ベンチャー企業には向いていないでしょう。ベンチャー企業での困難を乗り越えられるのは、それをものともしない人生の目標を持っている人です。

ベンチャー企業は起業家が植えた種がやっと芽を出した状態の会社です。種はすでに植え終わっており、少し芽が出はじめています。

その状態から芽を育て、大きな木にしていくのが幹部の仕事です。育てるも枯らすも、そこで大きな役割を果たすことになります。大変なことも多いですが、やりがいは非常に大きいと思います。

この章では、ベンチャー企業に入り幹部あるいは幹部候補として働く上で必要な資質、そして何よりもベンチャー企業で働く魅力についてお話ししたいと思います。

無から生み出す経験とスピード感が自らを成長させる

先ほど、大企業があなたの活躍の場でないとしたら、ベンチャー企業があなたの活躍の場として有力な候補になると言いました。ここで中小企業ではなくベンチャー企業と言ったのは、会社の規模が小さければ良いわけではないからです。また、創業して間もない会社だったら良いというわけでもありません。

優秀な人がその能力を存分に活かせるベンチャー企業には、3つの条件があると私は考えています。

①その業界で新しい商品、サービス、もしくは新しい切り口を提供していること。
②毎年売上、利益を20%以上伸ばしていること。
③社員数が300人以下であること。

この3つです。

新しい商品やサービス、切り口を提供することが、なぜ重要なのか。それは「無から生み出す経験」ができるからです。

すでにある商品やサービスを提供することは、さほど難しいことではありません。しかし、新しい商品やサービス、切り口を提供するには、さまざまな独創的アイデアや工夫が必要です。簡単に言えば、頭を使わなければ新しい商品やサービスは提供できないのです。

当社では、「アパートを用いた資産運用」という不動産業界のなかでも新しい切り口で事業を展開しています。アパートを売るということだけ見れば、他の不動産会社とやっていることは変わりません。

しかし、当社は資産運用に目的を特化し、投資信託や株式などの金融商品と同じ観点でアパートを販売しています。これは従来の不動産会社ではまったくやっていない切り口です。

当社では賃貸アパートの管理も行っていますが、後述するように業界の矛盾にメスを入れ、お客さまサイドに立った新たな仕組みを構築してきました。

これらはすべて当社の社員が考え、仕組みを構築したものですし、これからもどんどん新しい切り口を提案していく予定です。

ベンチャー企業にもコアになる事業はありますが、コアの事業を大きく育てるためにはアイデアが必要です。また、コア事業の周辺には新たな事業の可能性がたくさん潜んでいます。ベンチャー企業では、新しいビジネスのアイデアを出し、実現していくことが会社の成長に直結します。ですので、ベンチャー企業の社員には「アイデア力」が求められます。

当社でも、社員にはどんどんアイデアを出してもらいます。150人ほどの規模なので、いちいち企画会議を開いたりはしません。直接、社長である私に提案してもらいます。アイデアを考える習慣をつけてもらっているので、一日に一人くらいはアイデアの提案にやってきます。

たとえば、ある社員が、当社が管理するアパートに自動販売機を置くというアイデアを提案してきました。そのことにより、業者から設置料（紹介料）をもらうビジネスです。当社では現在、1000棟ほどのアパートを管理しています。1機あたりの売上はひと月単位で見ると決して大きくありませんが、1000棟全部に置けば年間の売上はそれなりになります。こうしたアイデアの積み重ねがあるかないかで、会社の成長度はまったく変わってくるのです。

これは当然、仕事のやりがいにもつながります。

大企業では、自分のビジネスのアイデアが具現化することはめったにありません。また、もし具現化するとしても社内の稟議に非常に多くの時間がかかります。

しかし、ベンチャー企業ではそのアイデアが良いものであれば実現する可能性は大いにあります。また、それが会社の売上のなかで少なからぬ割合を占めることも珍しくありません。**会社の成長に自分が貢献しているという実感を持つことができる**のです。

社員が能力を存分に発揮するためには、新しい商品やサービス、切り口を提供していることに加え、売上や利益が伸びていることも重要です。

先ほど私は、「売上や利益を20％以上伸ばしている」ことを条件にしました。これくらいの成長率を示している会社には、勢いがあります。勢いのあるなかで仕事をすると、要求されることも多いため、自分自身の成長がどんどん促されます。しかし勢いのない会社にいると、どうしても成長は停滞気味になります。

この勢いをつくるのに欠かせないのが、仕事のスピード感です。

大企業だと仕組みができていて、既存の取引先がすでにあります。そこで優先されるのはスピードではなく、確実性です。稟議書をいろいろな部署に回してハンコを並べ、確実性を高めるようにチェックします。悪く言えば官僚的、良く言えばシステムが整っています。

しかし、ベンチャー企業は仕組みができていないので、スピード感を持っていろいろなことを試さないと前に進めません。

たとえば、販促のためにダイレクトメールを出すというアイデアがあったとします。大企業だったら、ダイレクトメールがなくてもすでに売上を上げる仕組みができています。ですので、新たにダイレクトメールを打つべきか否かという判断を、時間をかけて行うでしょう。ダイレクトメールを打つという判断になったら、次はダイレクトメールの内容を時間をかけて吟味することになります。

ある程度の売上がほぼ自動的に上がる仕組みができている大企業なら、こうしたやり方でも問題ありません。

しかし、ベンチャー企業でこのようなことをやっていたら、あっという間に取り残されてしまいます。

ダイレクトメールが果たして効果があるのか。また、どのようなダイレクトメールであれば効果が出るのか。これはやってみないとわかりません。すぐにトライし、だめならすぐやめる。結果が良ければ改良を加えつつ継続する。このサイクルをスピード感を持って繰り返すことで、初めて会社に勢いが出ます。

先ほどアイデア力の話をしましたが、アイデアを出すだけでは何にもなりません。アイデアをスピード感を持って次々と実現していく力が、ベンチャー企業では必要です。

能力を活かせるベンチャー企業―3つの条件

❶ 新しい商品・サービス、切り口を提供している

新しい商品やサービス、切り口を提供しているベンチャー企業では、さまざまなアイデアや工夫が必要。自分が持っているアイデア力を発揮することができる。

❷ 毎年売上、利益を20%以上伸ばしている

売上、利益が伸びているベンチャー企業では、要求されることが多い。スピード感を持って、多くの仕事を進めなければならない。能力を発揮する機会が自然と多くなる。

❸ 社員数が300人以下である

社員数300人以下のベンチャー企業では、組織が仕組みとして完成していない。仕組みを構築するところから仕事ができるため、能力を存分に活かすことができる。

「仕組みづくりへの参加」がビジネススキルを高める

社員数300人以下というのも、能力が存分に発揮できるベンチャー企業の条件です。300人以下だと、まだ組織が仕組みとして完成していない状態です。そのため、**仕組みを構築するところから仕事ができる**のです。

仕組みの構築には、高い能力が求められます。先ほど、新しい商品やサービスを提供することは「無から生み出す経験」だという話をしました。仕組みの構築も、無から生み出すことに他なりません。

言うなれば、大企業は大きな釣り堀に魚（お客さま）がいっぱいいる状況です。そして、立派な釣り竿を渡され「釣っておいて」と言われます。

しかし、ベンチャー企業は自分で釣り竿をつくるところから始めなければなりません。糸を買ってきて針とエサを付け、釣り竿をつくります。

糸は何を選んで、長さはどうするか。針は何にするのか。エサはどうするか。さらには自分で漁場（お客さま）を探す必要があります。

こうしたことをすべて、自分たちで決めていく必要があります。決められたことをそのまま実行するのと、実行する方法をゼロからつくるのとでは、どちらに力が求められるでしょうか。言うまでもなく、後者です。与えられたことをただそのまま実行する大企業に優秀な人たちが行ってしまっているのがミスマッチだというのは、こうした理由です。

ベンチャー企業では、構築すべき仕組みがありとあらゆるところにあります。

商品の告知は、どのようにするのが効果的なのか。

広告を打つのか、セミナーを開催するのか。

広告であればインターネットを使うのか新聞広告を使うのかなどなど。

問い合わせにはどのように対応して、どのようにクロージングするのか。

商品を仕入れるなら、仕入れの単価を決め、下請けに発注する型番を選び、お客さまへの販売価格を設定しなければなりません。

当社では、お客さまが物件を買いたいと相談に来られた場合、名前や希望する物件の条件などを「お客さまシート」に書いてもらいます。お客さまシートにどのような項目を書いていただけば良いか、これも決めなければなりません。細かいことですが、項目によって面談がスムーズにいくかいかないかは変わってきますし、取引が成立するかどうかに影響する可能性もあります。

その他人事制度や採用の方法など決めることは山のようにありますし、一度決めたことも精度を高める余地がある場合がほとんどです。頭を使うことは、限りなくあります。しかし個人の力量次第で会社の仕組みが変わってくるのですから、これは面白い部分です。

人が仕事をしていて充実感を感じるのは、どんなときでしょうか？

自分が考えたアイデアを実行に移し、成果が上がった。こうしたときに充実感を感じるのだと思います。これは大企業にいるとなかなか感じることができません。

すでに出来上がったルーティンの仕事を遂行するのではなく、自分で考えてつくり上げるのには苦労が伴います。しかし、**自分が組織をつくって人を動かし、その結果、**

成果が上がると非常にやりがいが感じられるものです。そして、これを経験として積むことで自分のビジネススキル、もっと言えば市場価値が上がります。

また、仕組化を進めている段階のベンチャー企業では、一人ひとりが行う業務の幅が大企業より広くなります。これも個人にとってはプラスになります。

大企業では、誰がやっても結果に差が出ないように仕事が細分化されています。言ってみれば、大きなベルトコンベヤーの上で工程が細かく分かれているようなものです。全体は大きいのですが、一人ひとりは狭い範囲の仕事をずっとやっています。

大企業では、ベンチャー企業と比べてひとつの案件の予算が大きい傾向にあるのは確かでしょう。しかし、予算が大きくても、細分化された仕事をやっていることには変わりありません。私は三井不動産にいたとき、ショッピングセンターの開発を担当していたことがあります。総予算数百億円という案件です。しかしそのプロジェクトのなかでも業務が細かく分かれており、私がやっていたのはそのうちのほんの一部です。

ジョブローテーションでは数年ほどで職務が変わりますが、変わった先でも狭い範囲の仕事をすることになります。

先日、当社に面接で経理志望の方が来られました。その方は誰もが知っている有名企業の経理部にいたのですが、お話を伺うと試算表のつくり方を知りませんでした。在籍していた会社もやはり業務が細分化していたため、非常に狭い幅の業務しか経験していなかったのです。２年間、出金の仕事しかさせてもらっておらず、そのため経理に必須とも言える試算表の作成ができなかったのです。

当社で言えば、経理の担当は入金、出金、小口現金の管理、請求書の発行から試算表の作成、資金繰り表の作成、決算書提出まですべて担当します。**規模は小さいけれど業務の幅が広いことがベンチャーの特徴**です。

どちらが、市場価値の高い仕事かは説明の必要はないでしょう。

企業内職能制度に基づく狭い範囲の業務しか経験していないと、本当の意味での仕事ができる力は身に付きません。業務の幅が広いと、それだけ負荷は大きくなります。しかしその分、仕事の力が身に付くことになるのです。

そして、**どこに行っても仕事ができる本来の意味での「安定」を得られる**のです。

仕組化を進めるベンチャー企業

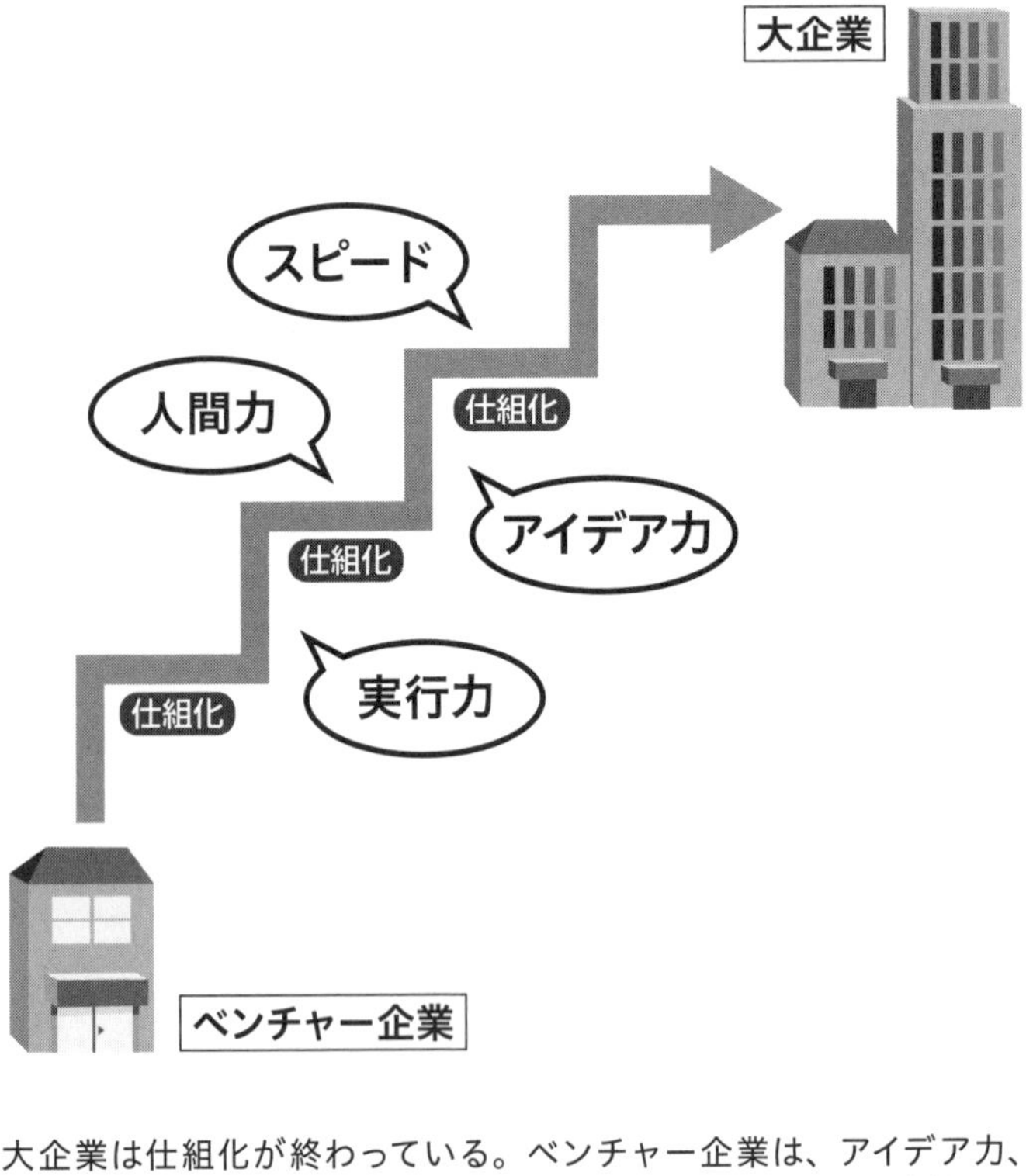

大企業は仕組化が終わっている。ベンチャー企業は、アイデア力、スピード、実行力、人間力など経営者・社員の能力をフルに活かし、仕組化を進めていく。

早いタイミングでのマネジメント経験が仕事の可能性を広げる

ベンチャー企業においては、早いタイミングでマネジメントの経験をすることが可能です。大企業においては、人数も多く、ある程度年功序列になっているため、20代で部下を持つという経験はなかなかできません。

私が勤めていた三井不動産では、一番出世している人で30代の後半になって初めて部下を持つという立場になっていました。通常は40代、50代にならなければ課長や部長といった管理職になることはありません。

この経験を早いうちにできるということは、それだけ自分の成長につながることは間違いありません。

当社に、E君というスタッフがいます。彼は慶應義塾大学を出て大手商社に入社後、当社に転職して2年目ですが、賃貸営業部というひとつの部署を率いており、部下が

15人もいます。

27歳の彼が、部下を指示してチームをまとめているのです。部下を持つことで、彼自身が一番成長している様子がよくわかります。責任感に燃え、顔が引き締まってきました。

また、K君という大手メーカーから中途で入った31歳のスタッフがいます。彼はすでに業務管理部門を率いて20人の部下がいます。おそらく大手メーカーでは、いくら優秀な人間でも31歳で20人の部下を持つことはできないでしょう。本人自身も、「大手企業にいたら40代、50代にならないと経験できないことを経験できている」と言っています。

このようにベンチャー企業においては、上の人材がいないのと常に新しい人材が入ってくるため、すぐにマネジメントの経験ができるというチャンスがあります。

マネジメントの経験を積めるというのはベンチャー企業特有のメリットです。50代で部下を持つのと20代で部下を持つのとでは、意味がまったく異なります。**人を使うという経験は自分の市場価値向上に大きくプラスに働きます**し、その経験が若ければ若いほど良いというのは当たり前のことです。

このように、ベンチャー企業においては、能力があればすぐに会社の中核的な役割を担うことになります。経営陣として、自分が主体となって会社を動かしていくことになるのです。

これは、大企業での働き方との大きな違いです。

大企業においては、特に若手は、上層部から言われたこと、指示されたことを忠実に実行するのが仕事です。自分で会社を動かしていると感じている若手はまずいないでしょう。つまり、大企業ではすべての仕事が基本的には受け身です。

一方**ベンチャー企業では、規模は小さいですが、自分が動かす側に回る**のです。自分で考え実行に移します。能動的な仕事の仕方です。

大企業とベンチャー企業は、正反対と言えます。

どちらが毎日楽しいか、自分に力が付くか。説明は不要でしょう。

緊張感のある取引でコミュニケーション力がアップする

ベンチャー企業で働くと、アイデア力、スピード、仕組みの構築力が鍛えられます。そして、コミュニケーション力が上がります。ベンチャー企業では、大企業よりデリケートなコミュニケーション力が求められるからです。

もちろん、大企業ではコミュニケーション力が必要とされないわけではありません。大企業では、特に社内でのコミュニケーション力が重要です。社内調整、社内接待などの社内コミュニケーションがうまくできないと、出世はおぼつかないでしょう。

しかし、大企業では、対外的にはそれほどデリケートなコミュニケーション力が求められるわけではありません。担当者のコミュニケーション力が多少低くても、大抵の場合は取引が成立してしまいます。会社の看板、ブランドの威力です。

これが、ベンチャー企業だとどうなるでしょう。まったく、その逆です。会社にはブランド力がありません。ですので、担当者のコミュニケーション次第で仕事の成否が左右されます。特に、個人のお客さまを対象とするＢｔｏＣのビジネスではデリケートなコミュニケーション力が要求されます。

ＢｔｏＢで会社を相手に取引する場合、一旦会社の稟議が通ればその決定が覆ることはほとんどないでしょう。しかし個人のお客さまは、一度取引が決まってもその気持ちがぶれるケースがあります。

たとえば、アパートの購入を決めたお客さまがいたとします。その時期は担当者が非常に忙しく、たまたまその後の１週間、電話をしませんでした。そうすると、お客さまから「しばらく連絡がなかったから、買うのをやめる」と言われることを覚悟しなければなりません。

大企業で同じことをやったとしても、「じゃあ、お宅の会社はもういいです」と言われることはまずないはずです。会社にブランド力がないベンチャー企業では、担当者一人ひとりがゼロからお客さまと信頼関係を構築しなければなりません。そのためには、連絡のタイミングひとつおろそかにしない、デリケートなコミュニケーション力が必要なのです。

ベンチャー企業では、お客さまとの一つひとつのコミュニケーションが重みを持っています。そのため、緊張感を持って臨む必要があります。

しかし、緊張感が必要なのはお客さまとのコミュニケーションだけではありません。ベンチャー企業は規模が小さいため、必然的にひとつの仕事が会社に与える影響が大きくなります。すべての仕事において緊張感が求められるのです。

大企業という大きな船では、個人が多少失敗しても船が転覆することはまずありません。社員は皆、そのことを知っています。もちろん仕事は真面目にするのですが、気持ちの張りがゆるい部分はどうしてもあります。

一方、ベンチャー企業では一人の失敗で船が転覆するようなことが容易に起こり得ます。ひとつの取引で大きな損失を出せば、それだけで会社の土台は揺らぐことになります。

メールひとつも、軽視できません。もし担当者がメールの操作を誤ってお客さまの個人情報が漏れたら、それだけで会社は存続の危機を迎える可能性があります。大企業ではセキュリティの仕組みが確立していますが（ただし、それでも問題は起こっています）、そこまでの仕組みができていないベンチャー企業では充分に考えられることです。

私は三井不動産にいた頃も一生懸命仕事をしたつもりですが、「自分が失敗したら会社にどういう影響があるか」を考えたことはありませんでした。私がやっていることがうまくいかなくても、会社はビクともしないことを無意識ではあるにしてもわかっていたからです。これは、他の社員も同じだったと思います。

しかし、ベンチャー企業では社員一人ひとりの一つひとつの仕事が大きな重みを持っています。その分、緊張感を持って仕事にあたらなければなりません。これは、**真剣で斬り合うのと竹刀で剣道をするくらいの違いがあります。**当然、ベンチャー企業は前者で大企業は後者です。緊張の度合いが比べものにならないのです。

そして、緊張感を持って仕事をするのと、「失敗しても別にたいして影響はない」というゆるんだ気持ちで仕事をするのとでは、成長の度合いがまったく違います。

緊張感を持つというのは、自分に負荷をかけることです。決して楽なことではありません。しかし、確実に自分の成長を促してくれるはずです。

やりがいにつながる「お客さまからの感謝」

給料をもらう。やりがいを得る。仕事をする上では、この両方が欠かせません。

いくらやりがいのある仕事でも、給料がなかったら続けることはできないでしょう。「やりがいがあるので給料は要りません」と言う人はいないと思います（私もそう言う自信はありません）。逆に、いくら給料が高くても、やりがいが感じられないのはつらいものです。**大企業に勤めている人のなかには、「給料が高いから」ということでやりがいのなさを納得させている人が多くいます。**しかし、これは望ましい姿ではないと思います。仕事をする上で、やりがいはやはり大きな要素です。

成長中のベンチャー企業では、一人ひとりの業務の幅が広くなります。また、持たされる権限も大きくなります。大企業のようにいくつものハンコをもらっていてはビジネスチャンスを逃してしまいますから、スピードを持って仕事を進めるには担当者が権限を持つのは当然のことです。

業務の幅が広く権限も大きいということは、個人の力量に左右される部分が大きいということです。大企業は個人の力量に左右されない仕組みを持った組織ですが、ベンチャー企業は個人の力量によって売上も業績も変わってきます。

また、ベンチャー企業のほとんどには大企業ほどのブランド力がありません。お客さまも会社ではなく、社員個人との信頼関係で取引をするような側面が大企業に比べると強くなります。

業務の幅が広く、権限も大きく、個人の信頼で仕事ができる。そうすると、**自己存在感が感じられる**ようになります。他の誰でもない、自分だからこの仕事ができているという感覚を得ることができます。これが、大きなやりがいにつながるのです。

そして、やりがいにおいて、最も大きいのは「お客さまからの感謝」です。**人は感謝されることで、仕事に充実感を覚え、やりがいにつながります。**

大企業のビジネスは、基本的にＢｔｏＢの形態が多いのが実情です。取引が終わったとき、仕事相手の会社に心から感謝されることはまずないと言って良いでしょう。

しかし特にBtoCのビジネスをやっているベンチャー企業では、良い仕事をしたとき、個人のお客さまから感謝の言葉をいただく機会が多くあります。

特に当社では、命の次に大切な資産を預かるという仕事をしています。

私が会社を立ち上げて間もない頃、取引が終わったお客さまから「良い物件を紹介してくれてありがとう」という言葉をいただきました。お客さまからそんなふうに言っていただけるとは予想していませんでしたので、大変嬉しく思うと同時に「今までとはずいぶん違うな」と思った記憶があります。

「物件を購入してから心に余裕ができて、事業もうまくいくようになったよ」

「いつも満室にしてくれてありがとう」

文字だけでは伝わらないかもしれませんが、直接こういった言葉をいただくと本当に感動します。私は、いまだに魂が揺さぶられる経験を頻繁にします。これは本当に幸せなことだと思っています。

ベンチャー企業での経験は「起業の予行演習」となる

将来、独立起業を考えている人にとっても、一度ベンチャー企業で働くことは大きな意味があります。

社長の仕事は、判断の連続です。私も毎日、細かいものまで入れると何百という判断をしています。

経営をする上で重要なのが、この判断の感覚です。これは、言葉で伝えられないところがあります。論理的に考えて判断を出すこともありますが、理屈ではない部分で判断することも珍しくありません。そして、**経営では理屈ではない部分の判断が非常に重要**になるのです。これは、「間近で見て、感じる」しかありません。

社員が３００人くらいまでの規模のベンチャー企業なら、社長の仕事を間近で見ることができます。特に、**創業者であるオーナー社長はサラリーマン社長とはまったく**

異なった独特の感覚を持っています。ですから、身近で感じることによって独特の判断の感覚を養うことができます。「自分だったらどうするか」と考えることで、将来に向けての「予行演習」ができるのです。

理屈ではない判断というのは説明がむずかしいのですが、簡単に言えば「直感」に近いものです。

たとえば、ある売地があったとします。駅からの距離、周辺環境、今後の周辺人口の見通しなどを考えたら、値上がりが予測されます。しかし、そのようなデータに出てこない部分で何か気になるところがあったら、私は買うのをやめます。

採用面接でも、そういうことがあります。学歴が高く、容姿端麗。大企業で事務的に進めれば、おそらく採用になりそうな人です。しかし、何か引っかかるところがあったら、無理に採用しません。

経営とは、こういう判断の連続です。

すでに旗艦店を持っている小売店チェーンが、新たな旗艦店を東京の一等地に出店しようとします。普通に考えたら、「採算が合わないのでやめたほうが良い」という判断になるかもしれません。しかし、トップは独自の感覚を持ってゴーサインを出しています。客観的に見ていてはわからない部分での判断です。

社長にはこのような判断の感覚が欠かせませんが、これは社長だけが持てば良いというものではありません。ベンチャー企業では、幹部にもこのような能力が求められます。

社員が100人のときは社長がすべてを判断するかもしれません。しかし、成長を続けるベンチャー企業では社員が300人になったら判断の一部を誰かに任せることになります。その一部を任されるのは、経営幹部です。会社が大きくなり社員が1000人になったら、判断をする人間は4、5人になります。そのときに、誰に頼ることなく自分で判断できるようになっていなければなりません。

まして独立したら、すべて自分で判断することになります。起業を目指すなら、ベンチャー企業で社長の判断を間近で見ること、そして先ほど説明した仕組みづくりを経験することは非常に役立ちます。

将来の独立を考えている人にとっては修業や予行演習という意味でベンチャー企業

に飛び込むことは選択肢のひとつと言えます。ただ、この場合は、社長が、サラリーマン社長であったり二代目、三代目であったりする場合は意味がありません。トップが創業者でオーナー社長でないと独特の感覚を持ち合わせていませんので注意が必要です。

私自身はベンチャー企業で「修業」することなく三井不動産を退職し、いきなり起業しています。

しかし、先述したようにショッピングセンターのテナント誘致を担当していたときに、多くの中小・ベンチャー企業のオーナー社長（創業者）の方と取引をさせていただいたという経験を持つことができました。

その仕事をさせていただいたときは本当に楽しく一生懸命取り組みました。また、仕事外でも飲みに連れて行ってもらったり、ゴルフに連れて行ってもらったりもしました。

そのような経験ができたことは非常に運が良かったですし、そのときにはそれこそ必死に多くのことを学びました。一生懸命に仕事をして、彼らから認めていただいたからこそ、今でも何名か当時の社長の方とお付き合いさせてもらっています。

言ってみれば、私はこの期間に「修業」していたのです。しかし、私のように経営者と常に身近に接する境遇で仕事をできる人のほうが少ないのも事実です。

私自身、起業してみて、そのときのオーナー社長の対応などを振り返り、自身の判断に活かすことが多いのも事実で、やはりそのような経験（修業）をしてから起業したほうが良いと言えます。

ベンチャー企業選びのカギは「社長の価値観と合うか」

皆さんがベンチャー企業で働くことを決めた場合、この章の冒頭で挙げた3つの条件を満たす会社を選ぶことをおすすめします。その業界において新しい商品、サービス、もしくは新しい切り口を提供していること。毎年売上、利益を20%以上伸ばしていること。社員数が300人以下であること。この3つです。

しかし、もっと重視しなければいけないことがあります。

それは、その**会社のトップ（社長）の価値観**です。

ベンチャー企業では、社長は創業オーナーである場合がほとんどです（前述のようにそのような会社を選ぶべきです）。

そのため、社長の影響力が大企業のサラリーマン社長の比ではないくらいに大きいものです。自分の価値観とその会社、つまり社長の価値観が一致していないと、不幸な結果になります。

それだけではありません。ベンチャー企業では、社長の間近でハードに働くことになります。人間としても尊敬できる社長でないと、そこで学んだり一緒に会社を大きくしていくことはできないのです。

そのためにはビジネスモデルを見極めるのも大切ですが、**その社長が何を目指し、何を大切にしているのかという価値観を確認する必要があります。**

「売上が伸びている」とか「かっこいいビジネスモデルだから」という理由で就職してしまうと痛い目に遭います。

逆に、自分と社長の価値観が一致していて社長が尊敬できる人であれば、これほど楽しいことはないでしょう。

それぞれの企業は、ホームページやブログ、書籍などを通じて情報を発信しています。こういうところで、社長がどのようなことを考えているかを確認しましょう。特に大切なのは、社長の大切にしているものと目指している方向性です。

会社選びは、「正しいか、正しくないか」ではありません。「合うか、合わないか」です。

いくら最先端のサービスを提供していて魅力的に映っても、合わない会社に行ったら自分にとって良い結果にはなりません。合う会社に行くことが、自分の成長につながります。そして「合う、合わない」を判断するための格好の基準が、大切にしているものと目指している方向性なのです。

たとえば、当社、つまり私が大切にしているものをお話しします。

まず、当社では人として、日本人として立派であることを大切にしています。

仕事ができるから挨拶をしない、時間に遅れる、こういったことを認めていません。富裕層向けのビジネスであるという点もありますが、まずは人として立派であることが重要であると考えています。

すると、仕事だけ、数字だけ上げれば良いと考える人には合わないということになります。

また、当社では会社をチームとして考え、チームプレーを大切にしています。これは、社員一人ひとりの個人的な能力に頼るのではなく、チームとして成果を上げ、チームとして喜びたいという私の価値観です。そのために、ノルマや歩合給といったものを採用していません。

このような会社に、一匹狼での個人プレーを得意として、保険のフルコミッション営業のようなスタイルを求める人が入っても不幸になるだけです。

また、当社では、社会的ニーズがある以上、企業として拡大していこうと考えています。しかし、拡大する以上は一人ひとりの仕事に負荷がかかります。現状維持を望む人が入れば当然そこにギャップが生じ、良い結果につながりません。

キャリアアップのためならうなずけますが、合う会社を探すために何度も転職を繰り返すのは望ましいことではありません。入社してから後悔する事態は避けたいものです。

公開されている情報で詳しいことがわからなければ、面接が情報を得るための絶好の機会です。

面接の時間は限られています。回りくどい方法で情報を引き出そうとするのは、意味がありません。ストレートに「大切にしているもの、目指している方向性」を聞いてみるべきです。

社長の価値観、方向性が自分と合っている会社に入ったら、「いかに社長の目線に立って動けるか」がポイントになります。社長を補佐しつつ、社長がやりたいことを先回りしてやる。これが、ベンチャー企業で成功するコツです。

尾張の百姓の子から天下を統一するまでになった木下藤吉郎、のちの豊臣秀吉は日本史上最も出世した人物と言われています。

ご存じのように、藤吉郎は織田信長に取り立てられました。戦国時代の武将は、今のベンチャー企業の社長のようなものでした。あたかも売上を伸ばし、各地に営業所や支店を置いていくように勢力を拡大していきました。

そして、それに合わせて武将の下で働く武士たちも力を付けていきました。藤吉郎は、信長の気持ちが手に取るようにわかったのではないでしょうか。信長がいつでも外に飛び出して行けるよう、藤吉郎が信長の草履を懐で温めていたという話は有名です。信長が必要としたことを常に先回りして行ったからこそ、あれほどの大出世をすることができたのだと思います。

5

独立起業という選択肢

起業は「最も過酷だが最も尊い仕事」

自分の目標を達成するために、起業を考えている人もいることでしょう。

私は「起業は最も過酷だが最も尊い仕事」だと思っています。

日本は資本主義の国です。

資本主義の国では、企業活動によってさまざまな商品やサービスが世の中に提供され、経済活動が行われます。そして、雇用が生まれ、利益から税金が納められます。

社会が活性化するかどうか、国が繁栄するかどうかは、企業活動が活発に行われるかどうかという点にかかっています。

そのためには、常に新しい会社が生まれ、新しい商品・サービスが生み出されなくてはなりません。時代の流れのなかでは、廃れていく商品やサービスも多いからです。

時代に合わずに潰れていく会社も、必ずあります。

新しい商品もサービスも、そして会社も一人の起業家によって生み出されます。起業家がいなければ、社会が活性化することはないのです。

特に、今は日本経済が収縮しています。経済が成長している段階なら、大企業も雇用を拡大させることができます。しかし今はその逆で、大企業が雇用を削っている状況です。そうすると、新しい会社が出てこないかぎり新たな雇用が生まれません。新しい商品・サービスを提供する会社が生まれることが、日本経済を活性化するためにも必要です。

起業する、つまり新しいものを生み出すというのはやさしいことではありません。非常な苦労を伴います。まして日本では、中小ベンチャー企業の経営者は借入に対して、すべて個人保証を求められます。私自身も保証をしています。

起業することは大きなリスクを取るということでもあるのです。

ですから、**社会全体でもっともっと起業家を応援し、名誉を与える**べきではないかと常々考えています。

起業という過酷なことをやることによって、新しい商品・サービスが生まれるだけではなく、雇用が創出され、納税につながるのですから世の中全体が良くなります。

優秀な若者は、ぜひ使命感を持って起業に取り組んでほしいと思います。


しかし、起業には向き不向きがあります。

起業家として成功するためには、相当に強い信念が必要です。

起業すれば、ゼロからのスタートになります。借金して始めれば、マイナスからのスタートです。大企業の社員のように名刺の力で仕事ができるわけではないので、初めは誰も相手にしてくれません。そして何よりも、最初はお金がないので貧乏を経験しなければいけません。

私自身、30歳で起業した当初はお金がなく、1日1食しか食べられませんでした。飲み物も買えないため、家からお茶を入れた水筒を持ってきて仕事をしていました。そのため、2カ月で8キロもやせました。今は太ってきて困っているので必死にジムに通っている毎日ですが、当時はジムにも行かずに2カ月で8キロもやせたのです。

また、営業用の車を買うにもお金がないので、10年落ちの国産車を10万円で買いました。カーナビを買う余裕もないので、インターネットで地図を打ち出して現地を訪問していました。

私は特別に貧乏だったかもしれませんが、起業すると手元の資金が充分でないなか、いつ売上が上がるかわからないという精神的にきつい状況に追い込まれます。

今は30近くの金融機関と取引させてもらっていますが、最初は金融機関に行っても門前払いでした。特に、決算書がまだなく、実績を示すことができない1年目は大変です。それほど多くない、２００万円ほどのお金も融資してもらえませんでした。ひとつ取引が始まるとそれが信用になって他の金融機関とも取引しやすくなるのですが、そこまで行くのがひと苦労です。


このような境遇にあっても、逆に楽しんでやれるくらいでないと起業には向かないでしょう。心配性や不安症の人は、起業してから背負う重みに耐えられないと思います。起業家に楽天的な人間が多いのはそのためです。どんな状況にあっても、前向きにとらえられる楽観性が起業家には必要です。

私はお金はありませんでしたが、不安を感じたことがありませんでした。自分の信じるビジネスモデルが必ず社会に受け入れられると信じていたからです。ただ、お腹がすいていたのとしゃべる相手がいなかったのは多少つらかったですが……。

また、起業する前に「こういうリスクがある」とリスクを並べ立てて綿密に分析する人がいますが、こういう人も起業に向いていないと思います。

何かを始めるときには、必ず何らかのリスクを伴います。何のリスクもなく、新しいことを始めることは不可能です。起業する以上、リスクがあるのは当たり前です。

ただし、後述しますが、起業するときには「いつ・どこで・何を」を検討することが重要です。無謀に始めるのは避けるべきです。しかし、一切のリスクを避けることはできないのですから、**リスクから逃げるのではなく、どうやってリスクを乗り越えていくかを考えるほうがはるかに大切**です。

そして、リスクを乗り越え、起業した会社が軌道に乗れば、収入も大きく増え、大きなやりがいも得られます。

起業にはリスクがある分、うまくいったときのリターンも大きいのです。ぜひ志のある人は積極的にチャレンジしてほしいと思います。

起業より大きなリスクは「後悔すること」

私は、小さい頃から両親に「30歳までに自立しなさい」と言われて育ちました。『論語』で言うところの「三十にして立つ」を伝えられたのです。

23歳で就職してから、経済的には自立していました。自分の生活費は給料で賄えましたし、28歳のときには結婚して家庭を持つこともできました。

しかし、「自立している」という感じは残念ながらしませんでした。

確かに毎月25日には一定の給料がもらえ、傍目には自立していたのですが、「本当に自分の力で立っている」という実感が持てなかったのです。ある意味、会社が学校の延長のように感じられてもいました。

私が独立したのは、最終的には「学校を創る」ためですが、「本当に自分の力で立つようになりたい」というのも動機に入っていたと思います。

やはり「自分の力で立つ」ことが大人として最低限の条件でしょう。

自分の力で立つとは、自分一人の力で稼げることです。

私は以前、三井不動産で給料をもらっていましたが、三井不動産という看板で仕事がもらえ、自分の貢献以上の給料をもらっていたと思います。

おそらく、三井不動産という看板がなければ私はほとんど稼げなかったはずです。これは会社に依存している状態です。そのような依存している状態に、私は非常に申し訳ないというか情けない思いを抱いていました。

だから三井不動産という看板がないなかで、自分でどこまで仕事ができるのかを試してみたい気持ちが強くあったのです。

そして30歳にして独立を果たしました。

「恵まれた環境」を捨てることは不安であり、リスクでしたが、もっと大きなリスクがあると考えました。

それは、**「後悔する」というリスク**です。

人生には、必ず終わりがきます。そして一度しかない人生は取り返しのつかないものです。

私は、「あれをやっておけば良かった」と後悔することを最も恐れていますし、今までそうならないように決断してきました。**死ぬときに後悔しながら死ぬことだけは避けたい**と常に思っています。

起業することがリスクだと考える人は多くいます。確かに、起業にはリスクを伴います。しかし、それとは比較にならないほど大きなリスクが「自分の人生を後悔すること」ではないでしょうか。

決して、動かずに現状のままでいることがリスクがないことではありません。お金を動かさず、現金でそのまま持っているのもリスクがないように見えるかもしれません。しかし、現金で持っているということはお金をインフレリスクにさらしていることでもあります。

会社にいつづけることも、リスクがないことにはなりません。大企業にいても、いつ外に放り出されるか、いつ倒産するかわからないのが現実です。そこにはリスクがあります。まして、起業したいという気持ちを持っているなら、**会社にいつづけることは「後悔するかもしれない」というリスクを常に持つこと**になるのです。

たとえ失敗したとしても、精一杯やりたいことをやれば後悔はないでしょう。次にどうやったら成功するかを考えれば良いだけのことです。

また、時間は取り戻すことはできません。もう少し若かったらと言って過去に立ち返ることはできないのです。

自分の使命は何か、人生で達成すべき目標は何かを考えてみてください。そして、起業が自分の目標達成に貢献するのであれば、ぜひチャレンジしてほしいと思います。

起業の成否は「いつ・どこで・何を」やるかで決まる

起業では、「いつ・どこで・何を」やるかが非常に大切です。

まず、自分の力ではどうにもならない風の向きを計算しながら、「いつ」始めるかを見極める必要があります。

自分の力ではどうにもならない風の向きというのは、時流です。起業においては、時流を読むことが成功の第一歩です。

私のビジネスは、資産運用の対象としてアパートを買いたい人に物件を売ることから始まりました。平成18年のことです。

これがそのさらに5年前（平成13年）であれば、このビジネスはうまくいかなかったでしょう。

なぜなら、平成13年当時にはサラリーマンを含めた一般の方がアパートを買う市場が形成されていなかったからです。このような市場ができたのは、私が独立する少し前のこと。不動産投資の効用を説いた『金持ち父さん貧乏父さん』という本が日本（だけではなく世界中）で大ヒットしたことが強く影響しています。

そして平成17年8月、小泉首相（当時）が衆議院を解散し、いわゆる「郵政選挙」を行います。この選挙があったとき、私は時代の潮目が変わりつつあることを実感しました。

「新自由主義」という言葉で表されますが、小泉首相がやろうとしたことは小さな政府にして自己責任の割合を大きくすることです。そして、郵政民営化に象徴されるように自由競争をうながしました。

そうすると、福祉の部分が小さくなるので貧富の差は拡大します。それだけではありません。富裕層といわれている人も、不安を抱える世の中になります。これは、先に新自由主義を進めていたアメリカの動きを見ていて予測がつきました。

そうすると、家賃収入で自分の身を守ろうと、富裕層の人たちがアパートを買うようになるはずと考えました。郵政選挙の動向を見ながら、「収益用不動産の仲介というビジネスは可能性がある」という確信を私は持ちました。

この市場はどんどん大きくなり、今でも大きくなり続けています。現在、社会保障の財源不足の問題で、年金がもらえるかどうかもわからない状態です。そんななか自分の身は自分で守るべく、賃貸アパートを購入してその家賃で私的年金を構築しようという動きが一部の富裕層の間には顕著にあります。

社会保障の問題は人口という根幹的な問題とつながっていますので、解決することはなかなか難しいでしょう。つまり、私のビジネスは時流に乗ったということです。タイミングが良かったということになります。

ゴルフをする方はおわかりだと思いますが、フォロー（追い風）とアゲインスト（向かい風）では飛距離が大きく変わります。アゲインストのなかで飛距離を出すのは容易なことではありません。これは、下りエスカレーターを上がっていくようなものです。下りエスカレーターを上がるのも、非常に大変です。

フォローの風、上りのエスカレーターに乗ってビジネスを進めるため、時流を見極めて「いつ」やるかを考えるのです。

「どこで」も重要な要素です。

私はサラリーマン時代、都内に住んでいました。「起業するなら都内で」と思うのが普通かもしれませんが、私はあえてさいたま市に事務所を構えました。

これは、将来的に自分の生まれ育った地域に貢献して、学校を創りたいという夢もありますが、差別化を図るために意図的にしたことです。

不動産に詳しい方ならご存じでしょうが、埼玉県は都内よりも土地が安いため収益物件の利回りが高くなります。都内で8％であれば埼玉県では10％になります。そして東京と比べて、埼玉県では取り扱う業者の数が圧倒的に少なくなります。

このような事情から、さいたま市に事務所を構えました。結果は狙い通りでした。高利回りを謳うことができ、これが最大の差別化につながったと考えています。おそらく都内で開業していれば、現在のように会社は発展しなかったでしょう。

そして、ビジネスの根幹になるのが「何を」です。

私がただの不動産会社を始めていたら、今でも一人で営業をしていた可能性が高いと思います。「収益物件に特化した資産運用」という切り口のビジネスを始めたことで、社会的ニーズと合致して一気に拡大することができました。

ただしこれは「いつ」「どこで」と異なり、テクニック的な問題だけではなく、自分の使命感、目標とも絡んできます。「儲かりそう」というだけで決められることではありません。

いずれにしても、起業で成功するには「いつ」「どこで」「何を」という3つの要素を考えてビジネスを展開することです。

「矛盾のある業界」にはチャンスがある

何をビジネスにするかは、自分の使命感、目標にかかわることなので、「これが良い」とは一概に言えません。しかし、ヒントがあります。それは「矛盾を抱えている業界にはチャンスがある」ということです。

当社は、資産運用という切り口からすれば金融の分野となりますが、商品からすると不動産業界で事業を行っています。私が事業を始めたとき、不動産業界は非常に大きな矛盾を抱えていました（今もその矛盾は解決されてはいません）。お客さまサイドではなく、業者が儲けるための構造になっていたのです。

たとえば、賃貸管理の事情です。

管理会社は、オーナーの利益を最大化するために空室を埋める（入居者を獲得する）

活動を行います。

しかし、普通の管理会社は自社の仲介店舗だけで管理物件をあっせんし、他の会社の仲介店舗へはあっせんを依頼していませんでした。仲介手数料を自社のものにするためです。

昔、電機メーカーは、自社の製品だけを置く系列店を持っていました。ナショナルにはナショナルショップがあり、そこでのみ自社製品を販売していたのです。しかし、今ではそんなことはありません。電機メーカーは、ビックカメラやヨドバシカメラといった多くの小売店に商品を並べてもらい、売っています。

これと同じことが、不動産業界で起こっていました。自社の管理物件を自社の店舗でしか販売しないため、空室が一向に埋まらないのです。

そこで、当社では自社で仲介店舗を持たず、アウトソーシングして、できるだけ多くの仲介店舗で当社の管理物件をあっせんしてもらうようにしました。

すると、今までずっと空室だったような物件に次々と入居者が入るようになったのです。

電気製品でも、多くの店舗で売ったほうが間違いなく売上は上がります。当たり前のことを当たり前に行っただけですが、不動産業界にはそのような会社はありませんでした。

結果として、業界平均で20％超の空室率が当社の管理物件ではわずか4％以下になっています。空室に困ったオーナーさんが次々に相談に来られ、短期間で管理戸数が増えています。

これは、**大きな矛盾を抱えている業界においてはビジネスチャンスが大きい**ことを物語っています。

当社及び不動産業界の事例を紹介しましたが、「会社側は当然と思っていても、お客さまの立場に立ったらおかしい」ことをやっている業界は必ずあるはずです。そこにはきっと、新規参入のチャンスがあります。

矛盾をついたビジネス

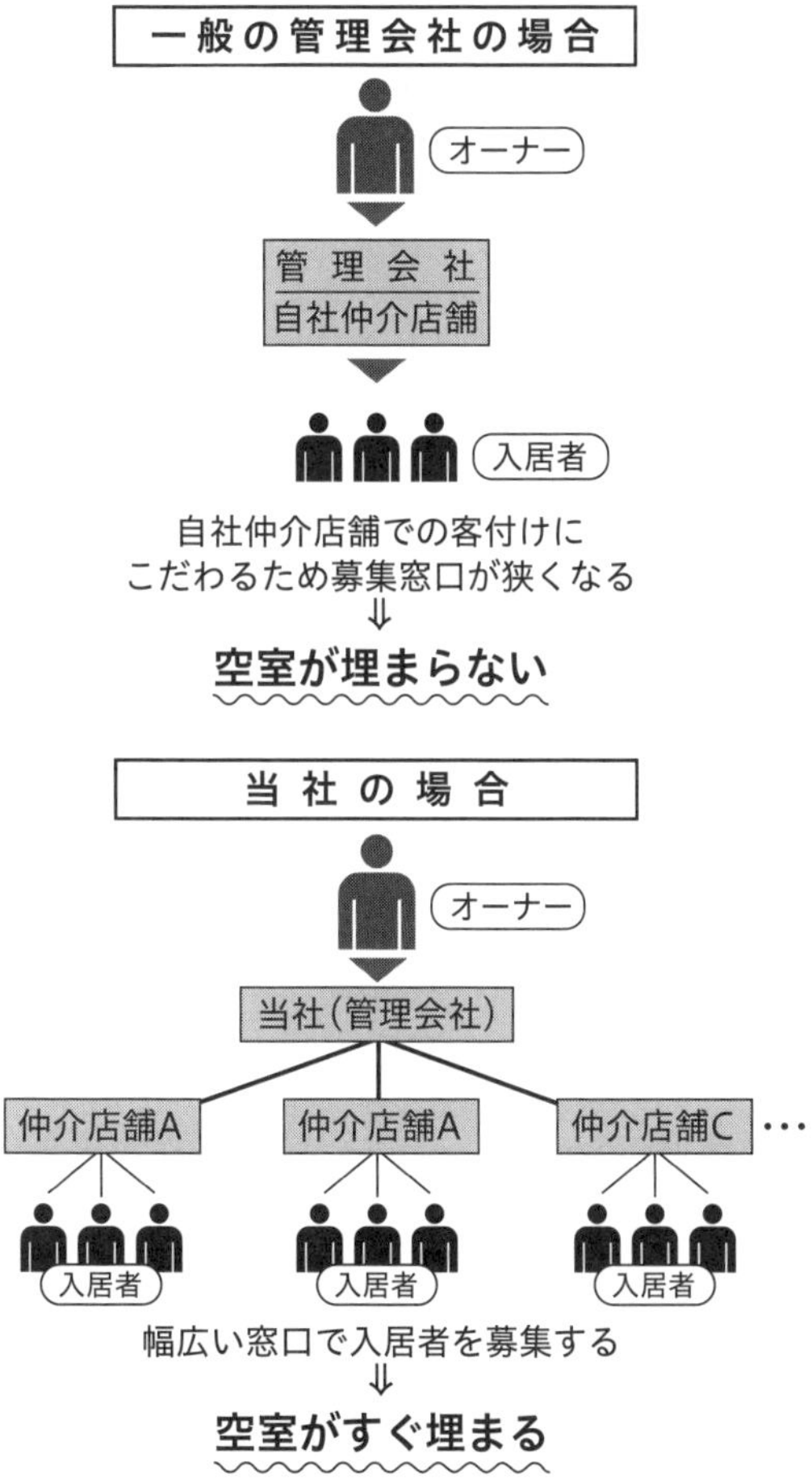
一般の管理会社の場合
オーナー
管理会社
自社仲介店舗
入居者
自社仲介店舗での客付けに
こだわるため募集窓口が狭くなる
⇓
空室が埋まらない
当社の場合
オーナー
当社(管理会社)
仲介店舗A
仲介店舗A
仲介店舗C
…
入居者
入居者
入居者
幅広い窓口で入居者を募集する
⇓
空室がすぐ埋まる

自主独立したビジネスモデルで起業する

私が起業するときに、決めていたことがひとつあります。それは、決して大儲けにはならなくても、「自主独立したビジネスをする」ということです。

自主独立は、経営において非常に重要です。

たとえば、特定の取引先に依存している会社はその取引先が潰れれば自社も潰れてしまいます。潰れなくても、過度な値引きを要求されれば、他に取引先がなければ受け入れざるを得ません。これでは、独立した経営とは言えません。言葉は悪いですが、奴隷と一緒です。

そのため、私はどんなに小さくても「フランチャイズや代理店のようなビジネスはやらない」と決めました。フランチャイズや代理店はビジネスモデルが出来上がっている分、ロイヤルティーという形で利益をピンハネされますし、すべて本部の意向に従わなければいけないからです。

これでは起業してビジネスをやる意味がないと思っていました。

そのため、当社は私が独立したときから独自のビジネスモデルを構築してきました。そこで注意してきたことは、とにかく**特定の取引先に依存しない**ことです。

これは販売先も仕入先も両方です。その会社（人）が取引をしてくれなかったら自社のビジネスが成り立たないという状態は、その会社（人）への隷属を意味します。いつでも代替性を確保できるようにしておくべきなのです。

独立しているということは、次の3つを決定できる力を持っているということです。それは価格、納期、数量です。

たとえば、コンビニは自分の好きな価格で商品を売ることはできません。本部が決めた価格で売らなくてはならないのです。自動車販売店（ディーラー）も同じです。このようなビジネスは自分で価格が決められないのですから、利益が上がるはずはありません。

納期も重要です。下請けであれば、納期を親会社の指示で決められてしまいます。

どんなに忙しくても、また無理なスケジュールでも合わせなければいけません。これでは社員は疲弊してしまいます。

数量も同じです。会社の規模を無視した数量を納めさせられる下請けや毎月の販売ノルマを設けられた自動車ディーラーは、やはり疲弊してしまいます。

これら3つを、自分（自社）の判断で決められること。当たり前のように思えるかもしれませんが、実はできていない会社が多いのです。

国についても同様です。戦後、日本は自主独立の道を放棄し、軍備はアメリカ頼みになっています。もし、アメリカが手を離したら本当に日本が自主独立できるかどうかは不安ですし、何よりも**アメリカに自国の国防を頼っている限りは何でもアメリカの言うことを聞かなければならず正常な状態ではありません**。独立国として、自分の身は自分で守るという気概が必要です。国は自主独立しているのが本来の姿なのです。

会社も同じです。好きな価格、好きな納期で、好きな数だけ売る。独立するなら、本当の意味で自主独立した会社を目指すべきです。

自主独立できる3つの条件

価　格

本部の支配下にあるコンビニは、自分の好きな価格で商品を売ることができない。このように自分で価格が決められないビジネスは､利益を上げにくい。逆に、独立していて自分で価格が決められるビジネスは、利益を上げやすくなる。

納　期

下請けは、納期を親会社の指示で決められる。無理なスケジュールでも親会社の指示に合わせなければならず、社員は疲弊する。独立したビジネスは納期を自分で決定できるため、無理のないスケジュールを設定することができる。

数　量

親会社から指示されれば、会社の規模を無視した数量であっても納めなければならない下請けは、疲弊しやすい。独立したビジネスを行っていれば数量も自分でコントロールできるため、無理のない生産体制で業務を進めることができる。

起業するなら、独立したビジネスを目指す。価格、納期、数量を自分で決定できなければ自主独立しているとは言えない。

起業は「小さく始めて大きく育てる」心構えで

将来の起業を考えている人は、「どのような会社にしようか」と大きく夢が膨らんでいるかもしれません。

しかし、起業にあたっては、まず小さく始めるのが良いと思います。そして徐々に大きく育てていく。これが、成功のコツです。

最初から多額の借金を背負うのは、賛成できません。まして、新しい商品やサービスを展開するときはなおさらです。

もちろん、元手となる資金に余裕があり、多額の投資をして事業を開始する場合はこの限りではありません。しかし、一般的に起業時には資金的な余裕はないはずです。

私自身は、400万円の自己資金で事業を始めました。

宅建業の免許を取ったり、事務所を借りたり、パソコンや机を買ったりして、300万円ほどかかりました。残りの100万円が運転資金でした。幸いに開業してから3カ月で売上が上がったのですが、その頃には通帳の残高が数万円になっていました。

非常に厳しい状況だったので1日1食しかとれなかったという話をしましたが、本当にカツカツの状態でした。借入がなかっただけ気持ちは楽でしたが、これで多額の借入があれば、さらにプレッシャーがかかります。また、初めは私一人だったので運転資金が少なくてすみましたが、大人数を雇ってのスタートとなればその分、運転資金がかかります。プレッシャーも大きくなります。

起業は、やってみなければわからないところがあります。ですので、初めは大きくリスクを取らず、小さく始めることをおすすめします。

そして、売上が上がり、利益が上がってきたら、人を増やし、設備や広告などに投資をしていけば良いのです。

会社経営において最も大切なことは潰さないことです。

会社が潰れてしまえば、お客さまや取引先に迷惑がかかります。当社であれば、管理を委託していただいているオーナーさま、金融機関、リフォームなどを行っていただいただいている取引先業者に多大な迷惑をかけてしまいます。そして何よりも働いている社員に迷惑をかけてしまいます。

そのため、「いかに潰れないように経営するか」が経営者の課題となります。景気が良いときに儲けるのは、誰でもできることです。悪くなったときが、経営者の力が試されるときです。

エースピッチャーの真価が問われるのは、状態の良くないときにいかに勝ちにつなげるかということです。状態が良いときに勝つのは、二流の投手でもできることです。良いピッチャーは、悪いときに悪いなりの投球をして乗り切ります。これと同じことが、経営にも求められるのです。

キャッシュを蓄えておいて、非常時に備えることも必要でしょう。価値観を共有し、一体となって逆境に立ち向かえる組織にしておくことも大切です。

企業の継続は、自身の問題だけではありません。周囲に迷惑をかけないためにも潰さないことが重要なのです。

そのためには、無理をせず、身の丈に合ったところから始めて、利益が出てきたら徐々に拡大していくというのが望ましいと言えます。

情報発信によるブランディングが重要

今の日本にはモノやサービスがあふれかえっています。そのなかで**ベンチャー企業が差別化を図るためには、ブランディングが必須**です。そこで活用したいのが、情報発信です。

自社が他社とどこが違うのか、どのような商品（サービス）が提供できるのかという情報を徹底して発信します。そのことで、企業をブランディングしていくのです。

私は独立するまで、厳密な意味での営業というものをしたことがありませんでした。三井不動産では商業施設やオフィスビルの営業部にいましたが、商業施設であればテナントのほうから出店の申し出がありましたし、オフィスビルであれば仲介会社に行けばテナントを紹介してもらえましたので、直接営業する必要がなかったのです。

営業経験がないまま独立したので、アパートを売ることになったときには「どのようにすれば売れるか」をいろいろと考えました。普通、独立するときは、「サラリーマン時代の経験を活かして」というパターンが多いと思います。トップセールスの実績を積み上げて、その経験を活かして独立するケースはよく見られます。しかし、私にはアパートを売る経験もなければ、営業自体の経験すらなかったのです。

そこで考えたのが、情報を発信するという手法でした。

投資対象としてアパートを買いたい方は、情報を求めています。どのような基準で物件を選べば良いのか、どのような金融機関がお金を貸してくれるのかなど、知りたいことはたくさんあるはずです。

ですから、情報を発信してその情報に興味を持った人に来てもらえば、こちらから営業をしなくても物件は売れるだろうと考えたのです。

実際、起業した直後にホームページやブログで情報を発信してみると、多くの方が興味を持ち、会社を訪れてくれました。私は非常に内気で気が弱く営業には向いていないのですが、情報発信のみの、つまり、待ちの営業でアパートを売ることができたのです。

情報発信は、今でも積極的に行っています。ホームページやブログに加えて書籍の出版やセミナーなども行い、収益物件による資産運用に興味を持っている方に情報が届くようにしています。そして本を読んだりセミナーを聴いたりした方が「アパートを買いたい」「売りたい」「管理してほしい」ということで連絡をくれます。

おかげで、当社は飛び込み営業やテレアポを一切することなく営業活動を行うことができています。

飛び込みやテレアポはお客さまだけでなく、社員も疲弊します。断られ続ければ、誰だってつらくなります。それでも成績を上げようとすれば、強引に売ったり、だましたりということにもなりかねません。

これでは、社員もお客さまも幸せではありません。

そうではなく、会社としてお客さまに有益な情報を届け、その情報に興味を持ったり共感してくださった方々と取引をするようにしたわけです。こうすることで、**お客さまだけでなく、社員にとっても「幸せ」な仕組みを構築できる**のです。

大企業で学んだ「組織の在り方」

起業した直後は会社の規模が小さく、仕組みも出来上がっていません。しかし、会社を発展させるためには業務の進め方など、さまざまなことを仕組化していく必要があります。

この**仕組化に関しては、大企業の在り方が非常に参考になります。**大企業では、業務が完全と言って良いほどに仕組化されているからです。

私の会社も規模は小さいのですが、今、組織化の段階に入っています。そのお手本は、三井不動産時代に経験した組織です。規模はまったく違いますが、私が三井不動産で学んだ組織形態をゴール（目標）として現在構築している段階です。

大企業には、組織を大きくするためのヒントが詰まっています。私自身も在籍していたときは気づかなかったのですが、自分で組織をつくっていく立場になると「こういう意味があったのか」と多くのことに気づかされました。

たとえば、営業部と事務管理部の業務の棲み分けにおいては、役割分担の形や部署間の関係のつくり方がよくわかります。これは、現在当社のように部署をいくつかつくっている段階の会社にとっては非常に参考になります。

また、新入社員が試用期間の3カ月を終わると、部署の全員に対して、「これからよろしくお願いいたします」と言って、お菓子を配る習慣がありました。これは、正式に組織の一員になれたということを感謝するという意味、さらには会社に対してのロイヤルティーを高めるという意味から非常に有効です。

私も会社を経営して初めて気づいたのですが、当社でも取り入れています。

また、同じく新入社員が宴会で司会を任され、芸を披露することがあります。「なんでこんな馬鹿なことをやるのか」と思ったりしましたが、新入社員が会の運営を覚える意味合いがあります。また、芸をすることによって新人同士が絆を深めることになります。どちらも、組織の運営において意味のあることです。

また、三井不動産では夏になるとソフトボール大会を家族連れで行っていましたが、これも部署を超えた社員間の交流、つまりコミュニケーションの強化に役立ちます。

このように大企業には組織を維持するためのヒントがたくさんあります。今でも、それを学ばせていただいた三井不動産には大変感謝しています。

また、組織の論理を勉強すると、同じように大企業にいる仕事相手の立場を推し量ることができるようにもなります。

たとえば、起業すると銀行に融資のお願いに行く必要が出てきます。そのとき、大企業にいれば支店長がどういう立場に置かれているかを、おおよそ推測することができます。それなりの額の融資をしようとする場合、支店長も本部に融資をする理由を説明し、稟議を通す必要があります。そうすると、どういう資料をそろえれば支店長は本部に説明しやすいのか、考えることができるわけです。

その他、大企業にいると文書の作成能力も身に付きます。

大企業では「3日後までにプレゼン資料をつくる」「3日後までにこの資料を要約する」「打ち合わせの議事録をつくって報告する」といった文書をつくる仕事が非常に多く、与えられた時間のなかで文書を作成する能力は鍛えられるはずです。

こういった力は、他の会社に移ったときや、独立したときにも役立ちます。私がいる不動産業界は、残念ながらいい加減な会社も少なくない業界です。きちんとした書類をつくって持って行くだけで、差別化になるところがあります。

三井不動産時代、基礎から叩き込まれた文書の作成力が今、非常に役に立ちました。大企業で学べること、また大企業でしか学べないことがあります。大企業にいて将来の独立や転職を考えている人は、**今いる環境で学べることを貪欲に吸収すべき**です。必ず、自分が経営者になったときに役立つことがあるはずです。

6

社会を良くする大義の経営

会社は企業理念を実現する公器

会社とは、一体何でしょう。

あなたは考えたことがありますか？

二人以上の人間が集まった集団を組織と言います。ですから、まず会社は組織だと言うことができます。

それでは、組織とは何でしょうか？

組織とはひとつの目的を達成するための集団です。そして、その目的が「理念」です。

政治であれば綱領という理念を成し遂げるために人が集まって政党という組織になりますし、宗教であれば教理という理念を実践するために信者が集まって宗教団体になります。

会社も同じです。**企業理念に共感した人間が集まるのが会社**です。会社は、企業理念を実現するために生まれた公器（公のための組織）なのです。

そして、企業理念の共有が強ければ強いほど、会社は強みを発揮することになります。企業理念を共有している会社は全員が力を合わせることができますので、逆境にも強くなります。

逆に、企業理念ではなくお金で社員が集まった会社は、どうしても組織自体がもろくなります。金の切れ目が縁の切れ目ではないですが、逆境に遭ったときにも力を合わせる意識が薄いため、組織としての力が弱いのです。

ローマ帝国は金を目的とした傭兵を兵士としたために滅亡したと言われていますが、これも理念のために集まったのではない組織の弱さを表していると言えるでしょう。

ですから、**企業理念は会社にとって最も大切なもの**なのです。

当社の企業理念は
「私たちは資産形成及び資産保全のお手伝いにより、お客さまの将来の生活における経済的安定、ひいては心の安定を提供することで人生の安定を提供します。そして、一人でも多くの方に安定を提供することで日本全体の社会の活性化に寄与することを私たちの社会的使命とします」

というものです。収益用不動産を通じて、人生の安定を提供し、結果として日本全体の経済活動の活性化に寄与することを当社の目的としています。

当然この企業理念を達成しようとして集まってきたのが当社の社員です。

では、あなたが今勤務している会社は何を目的に（企業理念として）会社経営がされていますか？

そして、その企業理念にあなたは心の底から賛同していますか？

ぜひ一度考えてみてください。

大義に基づいた企業理念が大切

会社は、企業理念を実現するために存在する集団です。それでは、その企業理念は何に基づいて設定されるものなのでしょうか。

私は、大義だと考えています。もっと平たく言えば「正しいこと」です。

人間は正しいことのためには力を発揮しますが、ただの欲望のためには力を出せないものです。

「金を儲けるために客をだませ」と命令されて、あなたは力を発揮して仕事ができるでしょうか？　おそらく発揮できないはずです。やはり、人間は自分の行う仕事が他人の役に立つという実感があって、初めて力が出せるのです。

明治の初めに西南戦争という戦争がありました。西南戦争の主導者は、当時最も有名な人物の一人であり、立派な人物である西郷隆盛です。西郷が挙兵すれば国を二分する激しい戦いになると言われていましたが、西郷軍はあっけなく負けてしまったのです。

この戦争が象徴しているのが、**大義の重要性**です。

西郷隆盛が掲げた挙兵理由は、「政府に尋問の筋これあり（政府に問い質《ただ》したいことがある）」という理由にもならない理由からでした。直前には政府による西郷暗殺未遂事件もあり、「西郷は自分の恨みを晴らすために挙兵したのでは」とさえ言われました。

そのため、政府に不満を持った士族が全国から集まることもなく、また集まった兵士たちの士気は低く、脱走兵があとを絶ちませんでした。鹿児島で挙兵した西郷軍は熊本城を落とすことさえできず、最後は鹿児島で鎮圧されてしまいます。

明治維新の英雄だった西郷隆盛でさえ、大義を打ち出せなかった（打ち出さなかった？）ために完敗となってしまったのです。

逆に、大義があるとここまで人間は力を発揮するのかという事例もあります。

大東亜戦争は、「日本がアジアを解放する」という大義に基づいて行われました。大東亜戦争についてはさまざまな意見がありますが、こうした大義があったことはまぎれもない事実です。

大東亜戦争終了後、インドネシアで独立の機運が高まり、インドネシアとオランダとの間で独立戦争が始まりました。その際、インドネシア軍とともに戦った日本人が2000人もいたのです。戦争が終わって故郷日本に帰ることができるにもかかわらず、彼らは「アジアを欧米の植民地から解放する」という大義のために命を懸けて戦い抜きました。

結果として、インドネシアは独立を果たすことができました。長年にわたるオランダの植民地支配から解放されたのです。

当時のスカルノ大統領はもちろんですが、今でもインドネシアの人々は日本に感謝しています。私たちは、そのような大義を持って先人が命を懸けてアジアの解放のために戦った事実を知る必要があると思います。

私も毎日多くの判断をしていますが、その判断はすべて企業理念に照らし合わせて行っています。つまり、その判断に「大義があるかどうか」です。

もっと言えば「お客さまのためになるかどうか」ということです。

平成20年のリーマンショックの前は、当社のある大宮近辺でも土地の価格が上がっていました。それはもう、「バブルなのでは」というくらいの勢いです。周りの不動産会社は、どこも土地を買い始めました。私にも「土地を買うと儲かるよ」とすすめてきます。

しかし、土地を買って転売することと私たちの企業理念は相容れません。土地の転売には大義がないのです。ですので、「お客さまとは関係ない単なる転売目的の購入はしない」という判断がすぐにできました。**企業理念は向かうべき方向を指し示すとともに、「やらないこと」を明確にしてくれます。**

私だけでなくこうした姿勢を社内で徹底することによって、社員は「人の役に立つために仕事をしている」という感覚を持つことができます。そのため、社内の士気が上がります。

寄って立つ大義がないと、社員は「会社や社長の金儲けに付き合わされているだけじゃないか」と思ってしまいかねません。社員も人間ですから、「金が儲かるからやってこい」と言われても心のどこかで反発を感じ、仕事に対するモチベーションは上がらないはずです。

また、大義に沿って仕事をしていれば当然、お客さまに喜んでいただける機会も増えます。それで売上が伸びることになります。

目先の利益だけを見れば、大義を捨てたほうが良い場合があるかもしれません。しかし長期的に見た場合、そうした姿勢は結局、会社の売上を落とすことになると私は思っています。

経営に小手先のだましは通用しません。少し遠回りになることもあるかもしれませんが、**大義を基準に判断することが結果的に業績の向上につながる**と思うのです。

「雇用の創出」「納税」で企業は社会に貢献すべき

企業は、企業理念を実現するために存在する公器です。もちろん当社も先述のように企業理念を掲げ、その実現に日々努めています。

その企業理念の実現を通して、会社は２つの側面で社会に貢献します。

それは、雇用の創出と納税によってです。

資本主義社会においては雇用の創出が必須です。そのため、企業は多くの人間を雇用するほど社会に貢献できることになります。

企業活動の重要な役割です。

納税も重要です。

企業活動によって利益が生まれれば、企業はその一部を法人税として国や地方自治体に納めます。その税金によって国や地方自治体は公共工事や社会福祉、公教育などを行います。税金が納められなければ、国は成り立ちません。

納税も雇用の創出と同様、企業が果たすべき重要な役割です。

おかげさまで、当社も利益が出るようになっています。そのためか、「税金対策の商品に興味はありませんか？」というセールスを受けることがあります。金融機関や保険会社が、高額の生命保険やレバレッジドリース（最近はオペレーティングリース）と言われる金融商品を節税のためにすすめてくるのです。

世間には「企業が税金を節約するのは当たり前」という風潮もありますが、私は一切そのような節税は行ってきませんでした。また、今後も行うつもりはありません。それどころか、必要な経費を一部削ってでも利益を多く出し、納税したいと思っています。

すでに理由はおわかりでしょう。

納税は企業の果たすべき役割だからです。

企業は、納税することで社会に貢献することができます。確かに、今の国や地方自治体の税金の使い方を見れば、納税したくないという気持ちもわかります。

意図的に働かない人に生活保護を支給したり、意味のない子ども手当（現在は児童手当）を支給したりして税金を「ばら撒く」だけで、本当に必要なところにお金を回していないと私も思います。

しかし、企業の役割なのでやはり納税はすべきでしょう。節税をして納税額を減らしてしまっては、そもそも企業の存在目的を否定することになってしまいます。それでは会社を経営する意味はありません。

事業ができているのは国家・地域社会のおかげです。国や自治体に税金を納めるのは、その恩返しをする意味もあります。

お金は循環するもので、セコいことをすればお金が逃げていくと私は信じています。積極的に税金を納めることで運が良くなり、またお金が入ってくる。このような循環ができるように努めるのが、公器としての会社の役割だと思います。

話は少し逸《そ》れますが、当社では納税以外でも地域貢献できることはないかと考え、

企業の３つの形の社会貢献

1 企業理念の実現

2 雇用の創出

3 納税

Jリーグの大宮アルディージャや地元リトルリーグのスポンサーをさせてもらっています。その他にも毎月第一土曜日、朝の7時30分から地元の氷川神社の清掃をさせてもらっています。

地域の経営者の方を中心に毎回１００人以上が参加しています。

経営は医者のように「困っている人を助ける」もの

私は、経営はお医者さんと同じだと思っています。

つまり、**「困っている人を助ける」のが経営**です。

風邪をひいたり体調が悪くなったりすると、お医者さんに行きます。そこで先生は患者さんにどういう症状かを尋ね、患者さんからこういう症状で困っているという説明を聞き、薬を処方したり検査を行ったりします。

ビジネスもお医者さんと同じです。何かに困っている人がいて、その困りごとを解決してさし上げる。これが企業の役割だと思います。

当社で言えば、「将来、年金がもらえないと思うので今のうちに私的年金をつくっておきたい」という方が相談に来られます。資産背景、仕事内容、家族構成などの状況をお聞きし、その方に最適な方法を提案します。

また、空室に困っている方が相談に来られた場合、部屋の状態はどうなのか、いつ頃から空いているのかといった状況をお聞きし、最適な提案をします。

ビジネスは、このように困っている人を助けることなのです。非常にシンプルなものです。

ですので、こちらから「どうですか？　どうですか？」と営業をかける必要はありません。お医者さんが「病気の人はいないですか？」と言って営業したりしないのと一緒です。どのような科目（業務内容）で開業しているかという情報を発信して、あとは困っている人に相談に来てもらって適切な処置（提案）をするわけです。

ただし、どのような情報を発信するのかは社内で相当の時間とコストをかけて検討しています。情報発信はマーケティングのひとつの手法です。飛び込みやテレアポは一切行わない代わりに、当社ではマーケティングに注力しているということです。飛び込み営業をしないので靴底は減りませんが、頭はフル回転させる必要があります。

そして、先述のように発信する情報が会社をブランディング化します。

おそらく今、収益用不動産の業界で当社を知らない人はいないと思います。これは、創業以来一貫して情報発信を徹底してきたために、業界内でブランディングが構築できているからです。

そして、ブランディングができれば、またお客さまが来てくれて取引が拡大するという好循環をもたらすことができますし、社員も気持ちよく仕事ができます。

当社の発信した情報に興味を持った方が相談に来られ、最終的に物件を売ったり、買ったり、管理を委託されたりする。これは、お客さまが当社の行っていることに共感してくださっている、つまりファンになってくださっていると言えると思います。

よく、物件を買った方がご友人やご親戚を連れて来られることがあります。そのときに必ずと言って良いほど「俺は武蔵さんのファンだから」ということを言ってくださいます。これは企業にとって非常にありがたいことです。会社をやっていて良かったと感じる瞬間です。

そのためには、常にお客さまの期待を上回る成果（パフォーマンス）を上げなければいけないというシビアな面もあります。しかし、それを実現できたときの喜びは何事にも代えられません。会社のファンになっていただけば、二度三度とお付き合いが続くこともよくあります。また、知り合いの方を紹介していただけることもあります。

会社のファンを創ること。これこそが、究極の営業なのかもしれません。

富裕層が元気になることで日本は元気になる

会社は、企業理念を実現することによって社会に貢献する公器であるとお話ししました。当社も企業理念を実現するために事業を行っています。

資産運用のためにアパートを買う人は、アパートの購入が最終的な目的ではありません。そのアパートから得られる家賃収入で将来の生活を安定させることが目的です。人生における安定を得るためと言っても良いでしょう。

そして、将来の安定が見込めれば、安心して本業に打ち込むことができます。会社を経営している方が本業に打ち込み、業績が上がれば納税が増えます。雇用が生まれることもあるでしょう。そのような形で日本全体の社会活動を活性化させることが、当社の社会的使命です。

特に当社が対象とするお客さまは、会社経営者や開業医などいわゆる富裕層の方々です。その方々の絶対数は、社会全体で見れば多くはありません。しかし、そういった方々が社会に与える影響は普通の人に比べ数倍も数十倍も大きいものがあります。**富裕層の方々が元気にならなければ、社会は活性化しません。**

日本は社会主義の国ではありません。資本主義の国です。社会のリーダーが元気にならなければ、雇用も生まれませんし、税収も増えません。結果として社会が活性化しないのです。

民主党政権が推進する、生活保護を拡充させるような社会の底辺に支援し、税金をばら撒くようなことを行っても一向に世の中は良くならないことははっきりしています。

日本では不況が続いていますが、私はこのような不況下だからこそ富裕層の果たす役割は大きいと感じています（平成29年11月現在）。そして、その富裕層の方々をサポートする当社の果たす役割も年々大きくなっていると感じています。社会のために存在する公器として、少しでも日本の経済の活性化に貢献できるよう、日々の業務にあたっています。

社会の活性化は富裕層がカギを握る

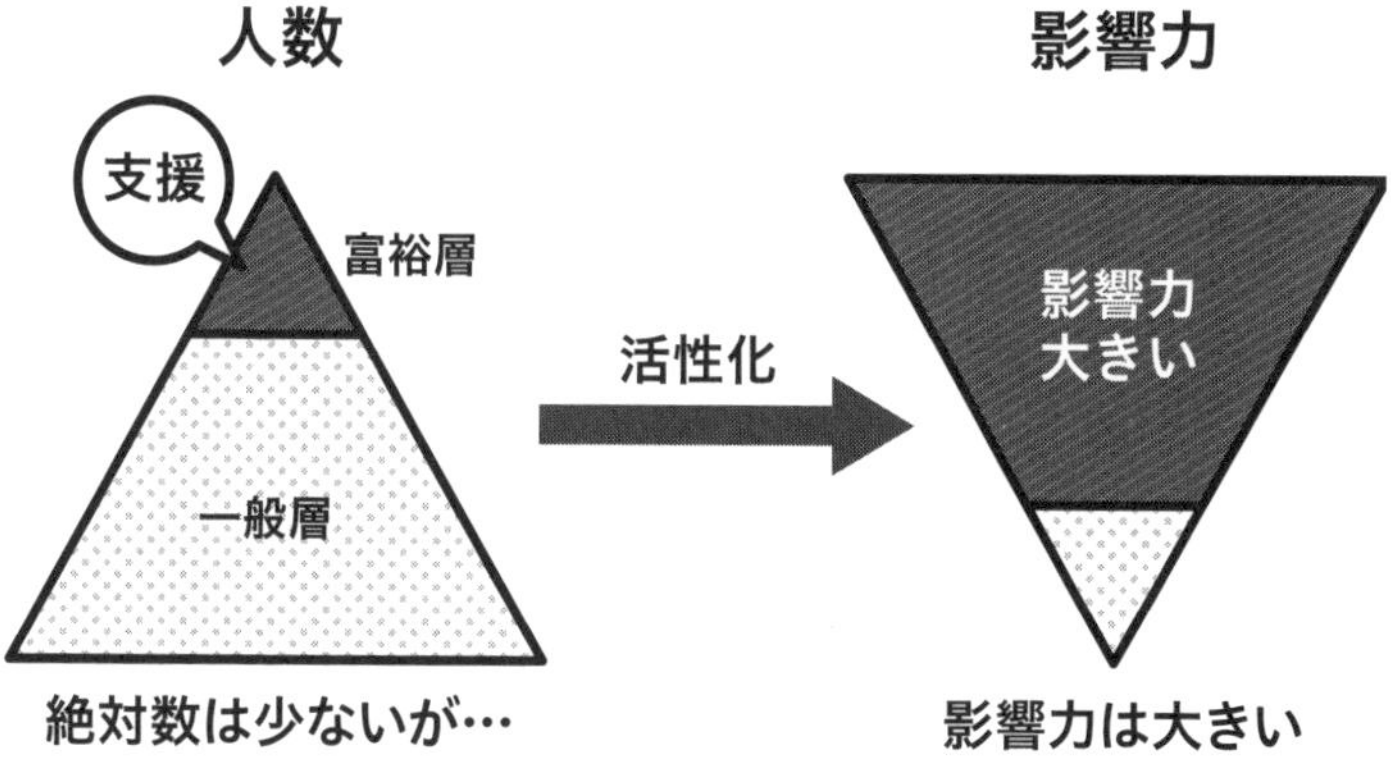

今後ますます大きくなる資産運用の要望

当社は、おもに賃貸アパートを用いた資産運用のビジネスを展開しています。具体的には富裕層を対象に賃貸アパートを「買いたい」「売りたい」「貸したい」という3つのニーズに対応するビジネスモデルです。

会社には事業を通じて社会に貢献する役割がありますが、この事業（具体的には3つのニーズ）がなぜ社会から必要とされているかを少し詳しくお話ししましょう。

まずひとつ目の賃貸アパートを「買いたい」というニーズについてです。

現在、日本人は皆、将来に対して不安を抱えています。

景気はバブル崩壊後20年超にわたって低迷し、大企業でさえも倒産し、リストラが横行しています。

それに加え、財源の問題で年金がもらえるかどうかもわかりません。**国民が自分の将来に対して不安にならざるを得ない状態になっている**のです。

そんななか自分の身は自分で守るべく、私的年金を構築しようという動きが一部の富裕層には顕著にあります。そのための有効的な手段となるのが、賃貸アパートを購入して家賃収入を得ることなのです。

私が独立してから、このような動きは一貫して大きくなっています。会社経営者、開業医、弁護士といった恵まれた方々が将来に不安を抱えているためで、ひと昔前であれば考えられない事態です。

次に賃貸アパートを売りたい（売らざるを得ない）というニーズです。

一方、土地を所有しているいわゆる地主の方も問題を抱えています。

戦後になって、日本はおもに長男が財産を相続する家督相続を廃止しました（厳密には戦後のGHQによる占領期間に廃止されたということです）。そして、配偶者や子供で財産を分ける均分相続制を採用しました。

そのため、相続が起きれば所有財産をどのように処分するかが大きな問題になります。兄弟姉妹がいれば、みんなで分けなければいけません。賃貸アパートがあれば、売って現金にして分けざるを得ないのです。

さらに、日本では高額（高率）の相続税がかかります。相続財産が多ければ、土地を売って現金化し、納税することもあります。そして、高齢者人口が増えていくなか、相続税の増税も検討されています。このように相続、納税の理由から持っているアパートを売らざるを得ない層は確実に増えていきます。

最後は賃貸アパートを貸したい（管理してほしい）というニーズです。

また、賃貸アパートは空室の増加という問題にも直面しています。

数年前から、日本は人口減少社会に転じました。その一方で、ハウスメーカーを中心として新築物件が毎年多く建てられています。

入居者が減っているのに新しい部屋をつくれば当然、空室が増えてきます。

実際、現在の空室率は全国平均で20％超にも達しています。そして、空室率は毎年約1％ずつ上昇しており、20年後には40％にも達すると予想されています。

アパートオーナーにとって、空室は死活問題です。多くの場合、金融機関から借入をしてアパートを建てていますから、返済原資である賃料が入ってこなければ破産してしまうのです。

空室率は増加する一方ですから、「何とか部屋を貸したい」というニーズは今後ますます高まっていくことが確実です。当社が短期間で成長できたのは、独自のノウハウを用いて空室を埋めることができているからです。当社の管理物件の空室率は4％以下。埼玉県の平均空室率が20％だということを考えれば、驚異的なことだと自負しています。

このように、当社が行っている収益物件による資産運用というビジネスは、大きな潜在需要のあることが、おわかりいただけると思います。

そして、当社では、この資産運用を通じて、一人でも多くの方に「安定」を提供することで、社会貢献を実現しようとしているのです。

会社が発展するための3つの条件

どの会社も、発展を目指して企業活動を行っています。

資本主義である以上業績の向上を目指すのは当たり前ですし、企業が業績の向上を目指さなければ社会は発展しません。

それでは、どのようにすれば会社が発展するのか。これは難しいところですが、いくつかの要件があると思います。

まず前提として、社会的なニーズがあること。いくら画期的な商品、サービスであっても、社会的なニーズがなければ売れません。

その前提があった上で、「そのニーズに応えられるビジネスモデル」「そのビジネスモデルを実現できる人材」「その人材が力を発揮できる組織」という3つの要素が必要だと私は思っています。

ニーズを的確につかみ、そのニーズにうまく応えられるビジネスモデルを構築することが最初です。

そして、そのビジネスモデルを遂行できる人材がいることが重要です。私は、この**人材こそが最大の差別化要因**だと考えています。現在は情報化時代です。ネットを使えば、ビジネスモデルはすぐに競合他社の知るところとなります。ビジネスモデルを真似しようと思えば、簡単にできてしまう時代なのです。

しかし、人の真似だけはできません。特にその人材が内面に持つ意識、モチベーションはなかなか真似できないものです。当社がこれまでこのように売上、利益を伸ばせたのは人材によるところが大きいと感じています。

手前味噌になりますが、当社の社員は皆、仕事を楽しみ、生きがいとし、それこそ経営者と同じ目線で仕事に取り組んでいます。当然、高いパフォーマンスを上げることができます。嫌々働かされていると感じながら働いている社員とは、同じことをやるにしても天と地ほどの差が出ます。そしてお客さまに誠心誠意対応するため、評価されます。

最後に、そのような人材が活躍できる組織をつくる必要があります。いくら能力のある人間が意欲を持っていたとしても、一生懸命働こうと思える組織でなければ力を発揮することはできません。

当社では、会社をひとつのチームとしてとらえ、チームプレーを大切にしています。一人のスーパースターをつくるのではなく、チームとして勝とうということです。20勝するピッチャーがいたとしても、50本ホームランを打てる4番バッターがいたとしても、チームが負けては意味がありません。いくらスーパースターの営業マンがいたとしても、会社が赤字になっては意味がないのです。

重要なのは、チーム力の総和を高め、会社を黒字にすることです。そのため、当社ではノルマや歩合給といった個人へのインセンティブは行っていません。何よりも、**チーム全員が仲間としてチームの勝利に邁進できる体制を整えることが大切**だと考えているからです。

私がチームプレーの感覚を覚えたのは、大学の庭球部にいたときです。大学の体育会と会社には、共通点がいくつもあります。

庭球部では、試合を前にするとキャプテンが中心となってミーティングをします。

そこでキャプテンが目標を設定し、「次の試合はこうやって勝つ」と戦術を授けます。そして、各部員にそれぞれの役割を指示します。

これは、会社の経営会議とまったく一緒です。会社の経営会議でも、社長が売上などの目標を設定し、その目標をどのようにして達成するかという戦略を立てます。そして、各社員が目標達成のために果たすべき役割を指示します。

チームプレーという意味でも、体育会の活動と企業活動は似ています。テニス部でもプレーするのは試合に出る選手ですが、1年のボールボーイも必要ですし、マネージャーも大きな役割を果たします。チーム全体で戦います。

会社でも、商品をお客さまに売るのは営業ですが、営業だけが大切なわけではありません。営業事務の人も重要ですし、受付の女性も、経理の担当も大切です。会社というチーム全体で戦っていくわけです。

ともに支え合ってひとつの目標を達成したときの達成感は、言葉では表せません。また、困った人間がいれば自分のことのように心配し助け合うことができる組織でありたいと思います。

会社が発展するための3つの条件

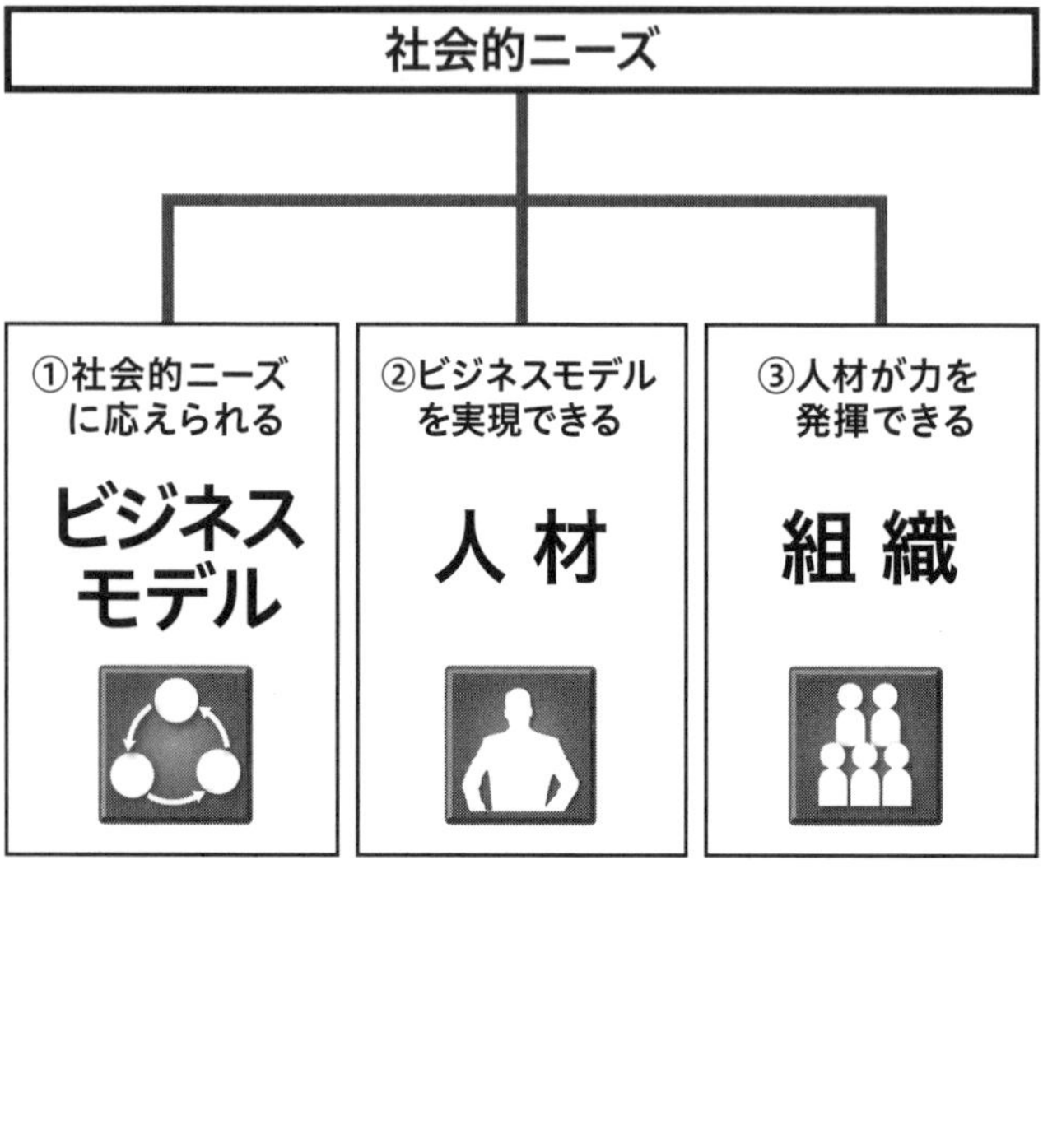

起業家を輩出する

当社には、住友不動産や三井不動産レジデンシャル、ＪＲといった超大手の会社から将来の起業を目標に多くの若者が転職してきます。

彼らは、当社のビジネスモデルを参考に将来の独立起業を目指し、数年間の「修業」として入社してきています。

私は、これは非常に良いことだと歓迎しています。日本は資本主義の国です。新しい商品やサービスを生み出す起業家をどんどん輩出しなければ、経済は衰退してしまいます。現に今の日本は廃業数が開業数を上回っています。若者はどんどん保守的になり、以前にも増して、大企業への就職を望むように安定志向に向かっています。

そこで当社では、将来の起業を目指す若者を支援するために、独立支援制度というものをつくりました。これは当社に入社し、修業することで将来の起業の準備をしてもらう制度です。

ではなぜ、先に挙げたような超大手の企業から当社のような無名のベンチャー企業に人が集まるのか？　それは、当社のビジネスモデルが起業に向いているという性格があるからです。

まず、商品のない、提案営業が主ですので、自分に力がないと売れない（受け入れてもらえない）ため、**自分自身に商品力が付きます。**仕事内容も不動産、金融、税務、法律などを組み合わせた高付加価値の提案が求められます。

次にお客さまがシビアな方々であるという点です。

一般的に経営者の方々は人を見る目がシビアです。その**経営者の方々と日々接することで学ぶことも多い**ですし、彼らに受け入れられれば相当の力になります。

最後に、**集客の仕組みを学べる**ということです。これはビジネスを行う上で最も重要な部分です。先述のとおり、当社は飛び込みやテレアポを一切行っていません。全てマーケティングによって集客しています。その仕組みを学ぶことが、同じ業界ではもちろん、たとえ違う業界であっても独立にあたっては役に立つことは間違いありません。

このような点から当社で仕事ができるようになれば、どこでも活躍できる人材になれる。そう胸を張って言える自信があります。そのことも多くの若者が集まる理由です。

彼らには通常の業務による知識・ノウハウの供与だけではなく、経営者としての基礎も教えています。ビジネスモデルのつくり方、金融機関との付き合い方、決算書の見方など、いわゆる**通常の業務以外に経営という点から必要になるもの**です。また、実際の起業にあたってはスタート時の支援も行う予定でいます。

起業すれば休みはほとんど取れません。休んでいるようでは、成功には程遠いということです。

私自身、起業した年は一日も休まずに働きました。一人で起業しましたので、それこそコピーからお茶入れ、ゴミ出し、郵便物の発送など何でもやりました。過労のため急に意識を失い、オフィスで倒れてしまったこともあります。急いで病院に行き点滴をしてもらって凌ぎましたが、若干危なかったと思います。

このように、独立すれば休みどころの騒ぎではありません。死ぬほど働くと言えば大袈裟ですが、休みなく働くことになります。もちろん、仕事は楽しいので体はきつくても精神的にはすごく楽なのですが。

そして、私は会社をかつてのリクルートのような会社にしたいと思っています。リクルートは以前は独立心旺盛な会社で多くの人間がリクルートから独立していきました。リクルートでは独立を「卒業」というらしいのです。

このように、若い優秀な独立者をはぐくめる土壌が構築できれば、日本の経済全体の発展に貢献できます。もちろんそのような優秀な人間には会社に居てほしいのですが、日本全体を考えれば良いことだと思いますし、彼らが独立して成功してくれれば彼らに続く同じような意欲を持った若者が入社してくれると思うからです。

そうすれば、当社に入れば独立するためのノウハウを身に付けることができるということで評判になり優秀な人間が集まります。

これはお互いにとって良い関係と言えます。

それだけではありません。そのような人間が組織にいれば組織は活性化します。当社は、一人でも多くの起業家を生み出せる会社でありたいと願っています。

開業率・廃業率の推移（非一次産業、企業ベース）

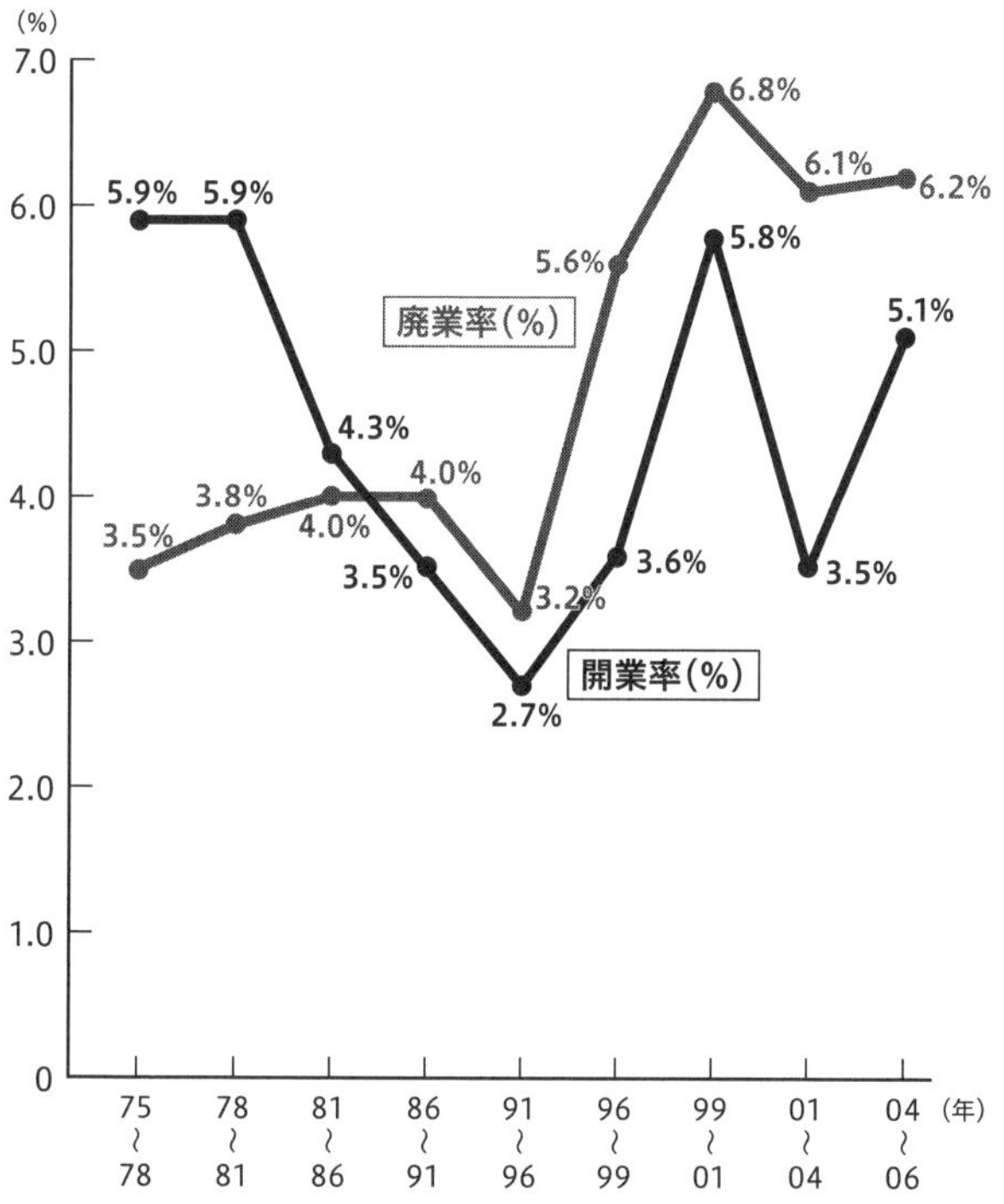

※**開業率**＝新規に開設された事業所(または企業)を年平均にならした数÷期首において既に存在していた事業所(または企業)

※**廃業率**＝新規に廃業された事業所(または企業)を年平均にならした数÷期首において既に存在していた事業所(または企業)

中小企業庁「2007年版　中小企業白書」

歩合給、ノルマは必要ない

第5章でもお話ししたように、当社では、社員に対してノルマや歩合給といった制度は設けていません。不動産業界はノルマを設け、歩合給を設定して「できる営業マンだけ残ればいい」という体制をとっている会社が多い業界です。そして、人件費を抑制しようとします。ですから「なぜ歩合給にしないのですか」と聞かれることがあります。

会社はチームですから、一人ひとりではなく全員で力を合わせて戦ったほうが成果が上がると考えているのが理由のひとつです。

また、当社の場合は飛び込みやテレアポといった営業マン個人の力量に依存する集客方法をとっていません。

会社として、マーケティングによる情報発信でお客さまに来ていただくという手法をとっているため、「誰々のお客さま」という意識はありません。お客さまは「会社のお客さま」です。誰が担当しているかという違いでしかありません。

しかし、一番大きな理由は、**歩合給やノルマはお客さまのためにならない**ということです。

高率な歩合給が設定されている営業マンは、どのようにお客さまに接するでしょうか？　自分の給料がかかっていますから、多少難のある物件でも無理に売ろうとするかもしれません。

また、良い物件の情報が入っても、その情報を自分だけのものにしようとするかもしれません。隣の人間にその物件を取られたら、自分の売上が落ちてしまうからです。これは、お客さまにとって必ずしも良いことではないでしょう。

ノルマや歩合給がなければ、社員は気兼ねなくお客さまにとって最善の提案をすることができます。お客さまにとっても「無理に売り込まれるのではないか」という心配がなくなります。お客さまに最適な提案をできるため、結果として売上につながることになります。

では、このようにノルマを設定しなくても、社員が一生懸命に働くのはなぜか？

それは、企業理念への共感があるからです。

理念でつながれば、意識が高く仕事に取り組みます。これは、決して給料を高くしたからといって生まれるものではありません。

だから企業においては、企業理念の共有が大切なのです。

ルールではなく規範意識

当社では、ノルマや歩合給を設けていません。

そのためには、理念で組織がつながっていることが重要であることを述べました。これらのことと同様に大切なのが規範意識です。道徳観とも言えます。

これは、私が三井不動産で学んだことです。三井不動産はやはりノルマや歩合給が一切ありませんでしたが、皆一生懸命働いていました。これは社員の意識が高かったからです。

当社でも三井不動産を見習ってルールは極力つくらず、一人ひとりの意識に任せるようにしています。**ルールではなく、規範意識で運用される組織が良い組織**だと考えているからです。規範意識は道徳性とも言えるかもしれません。

今、日本では毎日のように官僚が法律をつくっています。しかし、国が良くなっている実感を持つことはできません。法律（ルール）をつくることではなく、一人ひとりの規範意識を高めることが大切なのではないでしょうか。

ライブドア事件のとき、「法律がないから時間外取引をして何が悪いのか」という堀江貴文氏の主張が大きな話題になりました。

私は、やはりこれは規範意識が薄かったと思っています。

この論理を会社に当てはめると、どうなるでしょうか。「ノルマがないから売上を上げなくても良い」「固定給だから手を抜いても良い」「赤いシャツを着てきてはいけないと書いていないから着ても良い」という言い分が成り立ち、会社はたちまちメチャクチャになります。

ルールがないものはやって良いということではありません。もしそうであれば、あらゆるルールをつくって社員をがんじがらめにする必要があります。

それが本当に、会社にとって、また社員にとって良いことでしょうか。私は決してそうは思いません。それよりも、規範意識を高く持つことのほうがよほど大事なことだと思うのです。

社員の規範意識、道徳性は会社にとって財産になります。

当社では、社訓の第一条に「日本人としての誇りを持った立派な人間となること」という条項を設けています。ただ営業ができれば良いわけではありません。まして、当社は商品のない会社です。

お客さまは、会社や対応した社員を見て管理を任せても良いか、物件の売却や購入を任せても良いかを判断されます。

いくら営業トークがうまくても、人としてお客さまから信頼されなければ仕事になりません。特に不動産のような高額商品を買う場合には、「誰から買うか」が重要視されます。お客さまは「この人間ならば信用できる」という人間から買いたいと思うものです。そのためには、営業トークよりもまず人として、つまり日本人として立派な人間である必要があります。きちんとした挨拶ができる。礼儀作法がわかる。当たり前のことを当たり前にできる人間であるべきです。

当社では規範意識を高めるための手段として、教育勅語の精神を大切にしています。

教育勅語の十二の徳目

孝行《こうこう》	親に孝養をつくしましょう
友愛《ゆうあい》	兄弟・姉妹は仲良くしましょう
夫婦ノ和《ふうふのわ》	夫婦はいつも仲むつまじくしましょう
朋友ノ信《ほうゆうのしん》	友達はお互いに信じ合って付き合いましょう
謙遜《けんそん》	自分の言動をつつしみましょう
博愛《はくあい》	広くすべての人に愛の手をさしのべましょう
修学習業《しゅうがくしゅうぎょう》	勉学に励み職業を身に付けましょう
智能啓発《ちのうけいはつ》	知識を養い才能を伸ばしましょう
徳器成就《とくきじょうじゅ》	人格の向上につとめましょう
公益世務《こうえきせいむ》	広く世の人々や社会のためになる仕事に励みましょう
遵法《じゅんぽう》	法則や規則を守り社会の秩序に従いましょう
義勇《ぎゆう》	正しい勇気を持って国のため真心を尽くしましょう

教育勅語は明治23年、明治天皇によって発布されたものです。わずか３１５文字のなかに、日本人として大切にすべきことが凝縮されています。ネットなどで内容を見ていただくとわかりますが、何も特別なことは書かれていません。

両親を大切にする、謙虚に勉強して一生懸命働く、組織に大変な事態が生じたら皆で力を合わせて頑張るなど、当たり前のことが簡潔に記されています。

企業理念・社訓が仕事の仕方だとすれば、教育勅語は生き方の指針です。

そして、規範意識は生き方から生まれるものだと私は思っています。

会社にとって一番大切なのは社員

村上世彰氏の村上ファンドや堀江貴文氏のライブドアが一世を風靡したとき、「会社は誰のものか?」という議論が世間を賑わせました。

彼らは、「会社は株主のものである」というアメリカ流の論陣を張って行動していました。「株主が一番偉いのだから株主の言うことを聞け」という理屈です。

しかし、果たして本当にそうだろうかと私は思いました。

確かに、株式会社という形態は「株主の所有」という意味を持ちます。しかし、会社は株主だけによって成り立っているものではありません。そこで働いている社員や取引先などいろいろな方の協力で成り立っています。

なかでも、社員は大きな存在です。社員がいなければ、会社は絶対に成立しません。

私は、会社は社員を中心とするすべての利害関係者（ステークホルダー）のものであり、公の存在であると思います。そして、株主もそのステークホルダーの一人という位置づけです。たとえオーナー企業であったとしてもです。

上場企業のような会社では株主がたくさんいますので、株をいつでも売ることができます。すると、株主は自分が株を持っている間だけの利益を追求します。しかし、会社は永続する義務があります。ここに大きな矛盾が生まれます。そして、社員は株を売るように簡単に転職することはできません。

会社を長い目で見るのと四半期決算と称して3カ月ごとの利益を追求することには、相反することが多くあります。

だから、私は会社を上場することにメリットを感じません。今後、上場するつもりもありません。株主のために短期の利益を追求することで会社がおかしくなってしまう事態は避けたいですし、何よりも社員の幸せを守りたいからです。

企業は先述の通り、企業理念を遂行するために二人以上の人間が集まった組織です。そして企業理念を実現することによってその使命を果たします。

と同時に、その過程及び結果として、利益を出し納税し、また雇用を創出します。これが企業の存在目的です。

しかし、これだけでは不十分です。

企業理念の実現も、利益の追求も、納税も、雇用の創出も、すべて社員がいて初めて達成できるものです。であるならば、**企業経営の目的にその社員の幸せというものがなければおかしい**のではないでしょうか。

会社が株主のものであるならば、社員は利益を上げるための手段（道具）になってしまいます。なぜなら、株主の利益追求が企業の目的になるからです。そして、社員の給料（人件費）が少なければ少ないほど利益が増えるという関係になりますので、給料をどうやって抑えるかという発想になります。

つまり、社員の給料は家賃や広告宣伝費と同じように販売管理費（コスト）のひとつになってしまうのです。

しかし、会社が社員のものであると考え、社員の幸せを目的にして考えると見方は180度変わります。給料はコストではなく目的ですから、できるだけ多くしようとします。福利厚生もできるだけ充実させようとします。会社が存続しなければ、社員の幸せも実現できません。ですから会社が存続できるだけの利益を確保した上でという前提はありますが、社員への支払いを多くすることが目的にかなうことになります。

また、「お客さまが第一です」「お客さまは神様です」と謳っている会社やお店がありますが、私はこのような会社には非常に懐疑的です。

なぜなら、お客さまと提供者の関係は対等であるべきだと考えているからです。「お客さまが第一です」のような言い方には、「お客さまのほうが偉い」という意味が込められていると感じられるのです。

社員が幸せに働けなければ、もっと言えば笑顔で仕事ができなければお客さまに対して笑顔は出せません。仕事がつらくて嫌々やっている会社（お店）に行って、お客さまは幸せになれるでしょうか。

まず社員の幸せがあり、それがあって初めてお客さまを大切にできるはずです。逆に言えば、お客さまを大切にするためには、まず社員を幸せにしなければいけないということです。

社員は家族、組織は軍隊

会社の在り方で私がいつも社員に対して話すのは、「社員は家族、組織は軍隊」ということです。

社員同士は会社という船に同乗し、企業理念というひとつの目的を達成するため一緒に汗を流します。長い時間を共有しますし、楽しいこと、うれしいこと、つらいことも一緒に経験します。

場合によっては、家族以上に長い時間を共有する仲間です。

この関係は、まさに「家族」だと思うのです。

私は、経営者として家族に接するのと同じように社員に接します。

家族である以上、本人のためと思えば厳しいことを言わなければいけないこともあります。

一方、組織の在り方は軍隊でなければなりません。軍隊とは、トップの方針が末端まで行き渡り、上意下達が徹底されている組織形態です。

これが徹底されていなければ、お客さまやお取引先に大きな迷惑をかけることになります。

会社の方針を社員が理解せず、一人ひとりが勝手にバラバラなことをしていたら仕事を依頼するほうは不安でたまらないはずです。そのような会社と取引をしたいとは思わないでしょう。

根底としての企業理念を全員が理解し、方針を全員が共有することできちんとした組織がつくり上げられます。

その共有度を高めることによって組織力の向上が図られ鉄の組織がつくられます。

結果として業績の向上につながるのです。

これが「組織は軍隊」の意味です。

立派な日本人を輩出する

先にも述べた通り、私は26歳のときに、人生の目標として学校を創り、立派な日本人を輩出することを掲げました。

そして、学校を創るための手段として起業という選択肢を選びました。手段として始めた企業経営ですが、現在は目的となっています（もちろん将来的な学校創設の目標はあります）。

企業理念を実現して社会に貢献するとともに、日本的経営を普及させ、日本の活性化に寄与するというのは説明しました。そのほかに、当社の社員が立派な日本人となって活躍していくことは、それ自体私が目標とすることであるからです。

立派な日本人とは自らのアイデンティティーを持ち、礼儀、礼節をわきまえた人のことです。

「日本人としての誇りを持った立派な人間」こそが会社を発展させ、日本に貢献すると信じているからです。

お客さまやお取引先から「御社の社員の方は礼儀正しくてきちんとしていますね」と言われると本当に嬉しい思いです。

社員教育で行っている教育勅語の精神を社員が理解し、仕事ができるだけではなく、人として立派になってくれる。そして、彼らの子供たちや、彼らが幹部社員になり、または独立したあとに若い社員に対しても立派な日本人となるための教育をしていってくれることで、日本全体に少しでも良い影響を与えられればという思いです。

私は、企業経営を通じて立派な日本人を輩出できると考えております。

そのため、現在では、企業経営自体が目的となって一人でも多くの日本人を輩出できる会社でありたいと考え日々活動をしています。

巻末付録

使命感を持って大企業を出た先輩たちの声

CASE A

新卒で転職

大学卒業後JR北海道に就職して間もなかったが、大企業特有の閉塞感、受け身の体質に違和感を抱き、転職を決意。自分が成長し、どこに行っても活躍できる人材になれるような環境が整っている会社という軸で会社選びをし、当社への入社を決意。将来は幹部として企業経営の中核を担い、会社を主導するような存在になりたいという希望を持つ。

DATA

・年齢	23歳（社会人経験１年目）
・学歴	早稲田大学 社会科学部
・卒業年月	平成24年3月
・前職	北海道旅客鉄道（JR北海道）
・当社入社年月	平成24年８月
・家族	独身

CASE A

Q1 なぜ大企業をやめベンチャーに転職したのですか？

A1 どこに行っても通用する力を身に付けたかったためです。将来、自分の人生を自分自身で選択できる人間になりたいとの思いがありました。しかし、前職（大企業）では、歯車の一つになってしまう気がしました。どうしても組織が大きいので、先輩方の仕事を見ているとその会社にいれば通用するが、外に出て働く能力は付かないように思いました。それでは、人生を選択することはできず、ずっとその会社で働くという選択肢しかない、つまり不安定な状態になってしまうということに気付いたというのが正直なところです。
そして当社では若いうちからさまざまな経験をし、その理想に向かって成長できると感じ、転職いたしました。また、会社の考え方に共感したところも大きいです。

Q2 ベンチャーと大企業の大きな違いはどこですか？

A2 若いうちから職責の大きい仕事を経験できる点だと感じています。私と同い年の先輩社員が業務の指示を出し、チームを統率しています。また、私は入社後まもなく、一人で営業（リーシング）活動を行っております。このような環境は前職にはなかったように思います。会社が大きくないため、一人ひとりに任される裁量が大きいという環境を生かして、一日も早く力を付け、自分の人生を選択できる状態に持っていきたいと考えています。

Q3 将来のキャリアプランを教えてください

A3 今後は現職の業務を通じて、営業や経営、組織のマネジメントを学び、将来はその経験を活かし、企業の経営改善に携わる仕事をしていきたいと思っています。
大企業においては、経営の立場に携わることは50代以降でないとできませんが、ベンチャー企業では、力さえあれば20代でもそのポジションにつくことができるというのが魅力です。

CASE B

将来の独立を視野に転職

大企業での経験は丸２年と短かったものの、将来の目標である独立起業を考えたときに早く行動したほうが良いと決断。ただし、大企業からいきなり独立するのは知識、ノウハウ的にも不十分と感じた。そのため、ベンチャー企業での修行が必要と考え、学べる知識、ノウハウだけではなく、経営者の価値観を見極め自分の価値観と当てはまり共感することも多い当社へ入社した。

DATA

・年齢	27歳（社会人経験4年目）
・学歴	横浜市立大学経営学部
・卒業年月	平成21年3月
・前職	住友不動産
・当社入社年月	平成23年5月
・家族	独身

Q1　なぜ大企業をやめベンチャーに転職したのですか？

A1 住友不動産を退職し、不動産業で独立を志していたのですが、このタイミングで起業したら、直感的に失敗すると思いました。なぜなら、大企業のなかの細分化された業務しか経験していなかったので、自分一人で稼ぐ力に不安があったからです。
当初、大企業をやめてベンチャー企業に転職することはまったく考えていませんでした。最低3年間は大企業で働き、その後、独立しようと思っておりました。そんななか、代表の大谷に会い、価値観や志に感銘を受け、この人の下で働きたいと思いました。2年間で大企業をやめることには抵抗がありましたが、覚悟を決めて転職を決断しました。

Q2　ベンチャーと大企業の大きな違いはどこですか？

A2 仕事の裁量と意思決定のスピードと仕事への責任感が大きく違う点だと思います。

大企業ではどうしても業務が細分化され、個人個人の業務の幅は狭くなってしまいますが、当社のようなベンチャー企業では一人ひとりが責任を持って仕事をする（せざるを得ない）状況があります。

また当社では、会社の成長のスピードが速く「ドッグイヤー」の日々を過ごすため、会社だけではなく、自分自身が仲間とともに成長していることを実感できるのも前職との大きな違いです。

Q3　将来のキャリアプランを教えてください

A3 平成25年1月には故郷の横浜にて会社を立ち上げ、自らの力で社会に貢献したいと思います。現在、当社が埼玉で行っている収益物件を用いた資産運用のビジネスモデルを参考に横浜で展開する予定です。横浜にはこの資産運用のビジネスに対して埼玉以上のニーズがあると考えています。経営者としての自覚を持ち、地域に貢献するため雇用を創出し、多くの税金を納められるように努めていきたいと思います。

CASE C

将来の独立を視野に転職

社会人経験を 10 年近く積み、仕事も充実していたが、将来の目標である独立起業を考えたときに、大企業からいきなり独立するのは知識、ノウハウ的にも不充分と感じた。そのため、ベンチャー企業での修業が必要と考え、将来的な独立を視野に当社への転職を決断した。転職の際に、新しい切り口でビジネスを展開している会社という基準で会社選定を行い当社へ入社した。

DATA

・年齢	31歳（社会人経験10年目）
・学歴	岩手大学工学部
・卒業年月	平成15年3月
・前職	三井不動産レジデンシャル
・当社入社年月	平成23年9月
・家族	妻、子供2人

Q1 なぜ大企業をやめベンチャーに転職したのですか？

A1 前職はサラリーマンとしては恵まれた環境であったのですが、一方で自ら会社をつくり自分の力で社会に貢献したいという思いがあり独立を決意しました。しかし、大企業での経験は、独立するにはまったく役に立たないことを痛感したため、私同様に大企業から独立された代表の大谷の下で修業させていただくために当社に入社いたしました。

Q2 ベンチャーと大企業の大きな違いはどこですか？

A2 圧倒的なスピード感で仕事ができること、仕事の成果にリアリティがあることが大きな違いです。何か物事を決める際も社長に即決してもらえるので、自分の考えていたことを実行に移しやすいです。また、当社では自らの考え・行動によって、結果がダイレクトにわかり、結果お客さまの感謝の声を聴くことができ、非常にやりがいを感じます。さらに、現在 20 人の部門を率いており、マネジメントの経験ができていることも大企業にいてはこの歳ではできないことであり、大きいと思います。

Q3 将来のキャリアプランを教えてください

A3 将来的に関西で起業し、事業を軌道に乗せることが直近の目標です。長期的には、収益不動産の売買・管理事業を通じて一人でも多くの方の資産形成をサポートし、関西地方から日本全体の活性化に少しでも寄与できればと考えています。

おわりに

日本のために

日本は素晴らしい国

私は、心から日本という国に日本人として生まれて良かったと感謝しています。

そして、**日本人であることを誇りに思っています。**

日本には豊かな四季折々の風景、きれいな水、豊かな海産物等非常に恵まれた環境があります。そのため、食べ物の種類が豊富で、どこに行ってもおいしいものが食べられます。

世界中で日本ほど恵まれている国はありません。

そして何よりも、日本の素晴らしさはその伝統から生み出される日本人特有の道徳心、規範意識の高さにあります。

日本はおよそ2700年も続く世界でも最も古い国です。二番目に古いデンマークは1000年ちょっとでしかありません。もちろん、イギリスやアメリカやロシアはそれ以下ですし、中国はわずか60年の国です。

このような、伝統のある国に生まれたこともちろんですが、日本人の精神性は他国には類を見ないものです。

先般の大震災のときに被災者の方々が見せた道徳性の高さは世界から賞賛を浴びました。あのような極限の状況においても暴動が起きず、きちんと規律が守られるのは世界でも日本だけです。

また、自らの命を顧みず、最後まで避難を呼びかけて津波に流された若い女性がいらっしゃいました。

これは、一朝一夕でできるものではなく、永年の伝統に裏打ちされた日本人の心であると言えます。

このような素晴らしい国に生まれたことを我々は感謝し、いかに護っていくかを考えなければいけないと思います。

そのためには、本書で述べたように能力のある若者が持てる力を発揮して、国力を最大化する必要がどうしてもあるのです。

祖国の歴史を知る

日本が素晴らしい国であることを述べました。

本当の素晴らしさを知るためには、祖国の歴史を知らなければなりません。なぜなら先人がいかにして我が国を創ってきたのかを知らなければ、愛着も生まれませんし、感謝の気持ちも持てません。**私たちは歴史のなかで生まれ、生かされている**のです。

自分の国の歴史を知らない人間は立派な日本人とは言えません。

日本は特に世界で最も長い歴史を持つ国なのです。

ひとつ事例をお話しします。

我が国の歴史上最も輝かしい功績を持ち、絶対に知らなければいけない出来事をひとつ挙げるとすれば間違いなく日露戦争です。

ご存じの通り、幕末以降の我が国は西洋列強の植民地化をいかに防ぐかという歴史でした。殖産興業をやり富国強兵を実施してアジアで唯一の独立を保った国です。

植民地化の最大の危機は日露戦争において起こりました。もしこの戦に日本が負けていれば、我々は今頃日本語を話していなかったでしょう。他のアジア諸国同様植民地となっていたことは想像に難くありません。

私たちの先人が命を賭して戦い、薄氷の勝利を得たことで何とか日本は独立を保つことができました。

それだけではありません。この戦に勝利したことで世界の植民地が独立するきっかけとなったことは紛れもない事実です。この勝利がなければ、アフリカやアジア諸国はいまだに西洋列強の植民地だったことは間違いありません。

つまり、**日露戦争とは、日本の独立を保っただけではなく、世界の植民地独立のきっかけをつくった20世紀最大の歴史的事件**なのです。

そして、日本は、日露戦争後、東洋の小さい一非白人国でありながら、明治維新後わずか30〜40年の近代化によって、世界の五大国の地位にまでなりました。

この戦争において、日本人として絶対に忘れてはいけない世界に誇る偉人が二人います。

陸軍の乃木希典大将（将軍）と海軍の東郷平八郎大将（のちに元帥）です。

二人の獅子奮迅の活躍があったからこそ、世界史上最大の奇跡は起こりました。

陸戦における旅順攻囲戦は熾烈を極めました。乃木将軍は、多くの戦死者を出し二人の息子を戦死させながらも旅順を攻略しました。その際に敵将のステッセルとの有名な水師営の会見が行われます。

さらに、当時史上最大の会戦である奉天会戦においても目覚ましい活躍をします。敵将クロパトキンを驚愕させ、日本を勝利に導いたのは紛れもなく乃木将軍の活躍によります。

また、海戦史上最大の戦いは日本海海戦です。圧倒的不利な戦力ながら、圧倒的な勝利を収めた東郷大将の手腕は世界から絶賛されました。東郷大将は、英国のネルソンや米国のニミッツを凌ぐ世界一の海将としての評価を受けています。

当時の国民がいかに両大将を敬愛したかは、両大将の死後、神様として乃木神社及び東郷神社という形で祀られていることからもわかります。

我々は、このような祖国の歴史をきちんと学び、先人への感謝、祖国への感謝を常に持つべきです。

日本は必ず復活できる

日本は現在非常に危機的な状況にあります。平成23年に発生した東日本大震災及び、それに伴う原発事故からの復旧のめどは立っていません。また、バブル崩壊後20年以上にわたる経済不況が人々の生活を圧迫しています。さらには、人口減少社会に突入するだけでなく、高齢化が加速し、国家の財政を圧迫している状況です。

また、諸外国からの圧力が強まり、ロシアに北方領土を簒奪され、尖閣諸島は中国に竹島は韓国に簒奪されかかっています。

このような厳しい状況をいかに乗り越えられるかというのが日本が直面している課題です。

私は、現在の危機は、我が国史上四度目の危機であると思っています。

一度目は元寇です。鎌倉時代に元から攻め込まれ、神風が吹かなければ、日本は元の植民地になる可能性が高かったのですが、当時の鎌倉武士が獅子奮迅の働きによってこれを防ぎました。

二度目は、ペリー来航後の西洋列強からの植民地化の危機です。これは、坂本竜馬や吉田松蔭、さらには、前項で述べたように乃木大将や東郷元帥をはじめとする幕末から明治の先人たちの努力によって乗り越えました。

三度目は昭和の大東亜戦争です。日本は資源の確保のため、またアメリカからの攻撃に対してやむを得ず戦争に踏み切りました。

残念ながら多くの犠牲を払い、破れましたが、何とか国体（国柄）は保たれました。しかし、この戦によって、さらには戦後のGHQの占領によって日本の良さが失われてしまいました。極めて危機的な状況が今日現出しているのは、いまだに大東亜戦争を引きずっているためです。

そして、四度目の危機が今日にあります。しかし、この危機は、歴史も示すとおり日本人の力をもってすれば、乗り越えられると私は信じています。ただし、そのためには、優秀な若者が、能力を最大限発揮し、国力を最大化するということが前提です。

国力とは、軍事力と経済力によって決せられます。優秀な若者が能力を発揮することは、経済力を最大化することになるのです。

大企業だけが働く場ではなく、ベンチャー企業で活躍できる道、独立起業する道があることをおわかりいただけたと思います。

本書で述べたように、自らの使命をきちんと持ち、目標を設定できたなら、優秀な人間であれば必ず活躍することができます。また、それが結果的に幸せな人生となります。日本にとって最大の財産（資産）である優秀な若者が、日本復活のカギを握っていると信じています。

本書があなたにとって、自分の人生を見直すきっかけとなり、幸せな人生を手に入れるきっかけとなってくれれば望外の喜びです。

本書を執筆するにあたり、幻冬舎メディアコンサルティングの方々に大変お世話になりました。また、会社を日頃支えてくれている当社の社員にはいつも感謝しています。

最後に、私が社会人になってから勤めさせていただき、多くのことを学ばせてもらった三井不動産に感謝を捧げたいと思います。三井不動産での経験がなければ起業することも、また本書を書くこともできなかったからです。

最後までお読みいただきましてありがとうございました。

平成二十九年十一月吉日　大谷義武

著者プロフィール

大谷義武（おおや よしたけ）

昭和50年、埼玉県熊谷市生まれ。東京大学経済学部卒業後、三井不動産株式会社に入社。同社にて商業施設（ショッピングセンター）の開発・運営業務（用地取得業務、テナントリーシング等）、オフィスビルの開発・運営業務等、最先端の不動産業務に携わる。平成17年12月に同社を退社し、さいたま市において有限会社武蔵コーポレーションを設立（その後、株式会社に改組）。富裕層に対して、収益用不動産を用いた資産運用という新しい切り口のビジネスモデルを創出。業界の矛盾にメスを入れた独自のビジネスモデルにより、富裕層から絶大な信頼を寄せられている。経営方針においては、特に若手の人材教育、組織力の向上に力をいれ、12期連続増収増益を遂げている。

大企業は20代でやめなさい
大企業からベンチャーへの逆ステップアップ論

2012年 9月20日　第1刷発行
2017年12月15日　第2刷発行

著　者　大谷義武
発行人　久保田貴幸
発行元　株式会社 幻冬舎メディアコンサルティング
〒151-0051　東京都渋谷区千駄ヶ谷4-9-7
電話03-5411-6440(編集)
発売元　株式会社 幻冬舎
〒151-0051　東京都渋谷区千駄ヶ谷4-9-7
電話03-5411-6222(営業)

印刷・製本　シナノ書籍印刷株式会社

検印廃止

ISBN 978-4-344-99862-9　C0095
幻冬舎メディアコンサルティングHP　http://www.gentosha-mc.com/